Die neue Apo

Schriftenreihe
Murray Rothbard Institut für Ideologiekritik
in der **edition g.**

Stefan Blankertz | 1956 | »Wortmetz« | promoviert in Soziologie, habilitiert in Pädagogik; & *Rothbardero*-Avantgardist seit 1980. Lyrik und Politik für: Toleranz, und gegen: Gewalt.

Stefan Blankertz

Die neue Apo

Gefahren der Selbstintegration

edition g. 123

Rothbard Institut
FÜR IDEOLOGIEKRITIK

ORIGINALAUSGABE
123 edition g.
Titel unter Verwendung eines Fotos
von Dominic Röltgen/*Sons of Libertas* aus der Serie
»Eindrücke von der griechisch-mazedonischen Grenze«
im Herbst 2015
Herstellung und Verlag: BoD – Books on Demand
Copyright © 2016 by Stefan Blankertz
Wollankstraße 133, 13187 Berlin
Alle Rechte vorbehalten
ISBN 978-3-7392-0120-7

IN¿HALT!

*Denn sie, sie selbst, die älter denn die Zeiten
und über die Götter des Abends und Orients ist,
die Natur ist jetzt mit Waffenklang erwacht,
und hoch vom Äther bis zum Abgrund nieder
mit festem Gesetze, wie einst, aus heiligem Chaos gezeugt
fühlt neu die Begeisterung sich,
die Allesschaffende wieder.*
— Friedrich Hölderlin, 1800[001]

001 Zit. n. Frankfurter Ausgabe, *Gesänge*, Frankfurt/M. 2000, S. 555f. Die Orthografie wurde modernisiert sowie keine Großschreibung am Zeilenanfang benutzt. Als der linksradikale Verlag Roter Stern ab 1977 begann, diese von D. E. Sattler besorgte Ausgabe zu veröffentlichen, die Hölderlins Handschriften grafisch genau wiedergibt, war das eine Kulturrevolution.

I
Außer-Parlamentarische Opposition
GEGEN DEN »MAINSTREAM«?

I

Der Ton fällt schärfer. — Kürzlich sprach ein Freund mich an, ein Bekannter von ihm (den ich nicht kenne) habe ihn mit anklagend-ironischem Untertone danach »gefragt«, was denn davon zu halten sei, dass »sein Freund Stefan« in einem Blog schreibe (gemeint war, wie sich herausstellte, »ef-Online«),[002] in welchem auch der Autor *soundso* über *dies* und *das* schriebe, ein Autor, der gar in der »Jungen Freiheit« publiziere; und das sei schier unglaublich. Mein Freund nahm es glücklicherweise nicht überernst, immerhin fand er es jedoch nötig, es mir mitzuteilen. Da er weder den Autor noch das Thema erinnerte, bat ich ihn, sich hiernach zu erkundigen. Als Antwort erhielt ich eine Linkliste. Nun konnte ich nachschauen, um *wen* und um *was* es ging. Dabei stellte ich fest, dass der inkriminierte Autor seit Bestehen von »eigentümlich frei« für nicht mehr als 3 Beiträge verantwortlich zeichnet, demnach alles andere als repräsentativ ist. Überdies vertritt er im ausdrücklich durch den Ankläger verlinkten Artikel eine – von mir abgelehnte – Position, die vom Mainstream nicht sehr weit entfernt ist und, etwas »abgewogener« formuliert, auch in der »Welt« oder sogar

002 Seit Anfang 2015 schreibe ich regelmäßige Kolumnen für ef-Online. »eigentümlich frei« habe ich bei der Umwandlung in eine professionelle Monatsschrift 2001 mitbegründet und bin Gesellschafter der sie herausgebenden Lichtschlag Medien KG. Das vorliegende Büchlein basiert auf einigen der Beiträge, die ich 2015 verfasst habe.

im »Spiegel« hätte erscheinen können. Der Inhalt wird jedoch, so vermute ich, gar nicht mehr wahrgenommen. Das einzige, was zählt, ist, »sich nicht in schlechter Gesellschaft sehen zu lassen«.

Bewusst nenne ich weder den Autor noch sein Thema, weil es um die Form und um den Ton gehen soll. Die rhetorische Figur der »*guilt by association*« ist inzwischen nahezu zum etablierten Repertoire geworden. Umgekehrt bedeutet sie, dass man nur mit denjenigen sprechen dürfe, die eh schon die gleiche, die einzig richtige Auffassung teilen. Das kriegte selbst der SPD-Vorsitzende Sigmar Gabriel zu spüren, weil er Ende Januar 2015 sich mit Vertretern der PEDIGA[003] traf und dafür ins Kreuzfeuer geriet. Als er sich mit dem eigentlich läppischen – und für jeden verfassungstreuen Bundesbürger selbstverständlichen – Hinweis verteidigte, es gäbe ein demokratisches Recht darauf, »deutsch-national« zu sein,[004] erntete er hauptsächlich Unverständnis. Es ist ein bemerkenswerter Umstand, dass heute man bereits dafür sich verteidigen muss, mit jemandem zu reden, dem in politisch-sozialer Hinsicht man nicht zu folgen vermag. #diskursethik

2

Nur Nostalgie. — Kennzeichnend für die Bourgeoisie, die mit dem Kapitalismus auch eine liberale, kosmopolitische Weltsicht verband, waren lange Zeit drei wesentliche Tugenden: 1. Jeder sei verantwortlich für das, was er selber sagt und tut, nicht aber dafür, was andere um ihn herum tun oder lassen.

003 PEGIDA, Patriotische Europäer gegen die Islamisierung des Abendlands, gegründet am 19. Dezember 2014. Außer-Parlamentarische Opposition mit Zentrum in Dresden, die bis zu 20 000 Teilnehmer pro Kundgebung auf die Straße bringt (Stand Herbst 2015).
004 Sigmar Gabriel, *»Es gibt ein Recht, deutschnational zu sein«*, Interview im »Stern«, 04. 02. 2015. Variante des Zitats: »Es gibt ein demokratisches Recht, rechts zu sein.«

2. Jeder sei frei zu machen, was er wolle, solange er hierdurch
Andere nicht schädigt.
3. Prüfstein der Freiheit sei Toleranz gegenüber Meinungen
und Lebensweisen, die den eigenen widersprechen.
Diese Tugenden betrachtete die Bourgeoisie als Garanten für
Rechtssicherheit und für sozialen Frieden.

3

Steampunk. — Leider ist es meiner Erfahrung nach nicht so,
dass die Opposition gegen den Mainst[r]eam sich durch Be-
sinnung auf die bourgeoise Tugenden auszeichnet. Egal, um
welche Frage es sich handelt, wer eine andere Meinung vertritt als man selber, ist ein Idiot; und wer mit einem Idioten
spricht, ist ebenfalls ein Idiot. Ja, sogar der altehrwürdige
Begriff der Toleranz, von F. A. Hayek noch als der Kern der
liberalen Utopie und Antrieb für liberales Engagement sogar
höher geschätzt als der Begriff der »Freiheit«,[005] klingt der
Opposition neuerdings schon verdächtig. Weil der Begriff
der Toleranz vom herrschenden Mainst[r]eam missbraucht
wird, um Intoleranz zu begründen, geht die Opposition dazu über, Toleranz als gesellschaftliches Konzept abzulehnen.
Auf der Ebene der Realität, jenseits vom Wortgedampfe, das
um sie gemacht wird, gleicht sich die Opposition somit dem
herrschenden Mainst[r]eam auf verhängnisvolle Weise an:
Die »Gesellschaft ohne Opposition«, die Herbert Marcuse
in den 1960er Jahren befürchtete,[006] hat zur sozialen Realität
sich gemausert. — *Die Absperrung des Universums der Rede.*

005 »Das Wort ›Freiheit‹ [...] ist so abgegriffen und so viel missbraucht
worden, dass man sich scheut, es zur Bezeichnung der Ideale [d. Liberalis-
mus] zu verwenden [...]. Toleranz ist vielleicht das einzige Wort, welches
das Prinzip [d. Liberalismus] voll zum Ausdruck bringt.« F. A. Hayek, *Der
Weg zur Knechtschaft* (1944), Tübingen 2004, S.16f.
006 Herbert Marcuse, *Der eindimensionale Mensch* (1964), Neuwied 1977,
S. 11. Vgl. unten S. 41ff.

4

Na[r]zissmus der kleinen Differenzen.[007] — Als Jugendlicher
focht ich manch Kontroverse mit Kurt Zube aus.[008] Er war
einer derer, die die Idee des individualistischen Anarchismus nach dem zweiten Weltkrieg aufrechterhielten, als der
Etatismus fast ohne Widerspruch eine dunkle Zeit herauf-
beschwor. Ich erinnere mich, dass er mir mal in einem Brief
vorhielt (Internet und Facebook waren noch Lichtjahre entfernt), dass ich reagieren würde wie der Kleinbürger, der an
seine Lokalzeitung schreibe: »Falls Sie diese Aussage auf-
rechterhalten, kündige ich das Abo.« Ich weiß noch, dass ich
unmittelbar neben einem Gekränktsein auch ihre Richtig-
keit begriff. Und noch heute, wenn es droht, dass ich mich zu
sehr über jemanden aufrege, der eine Meinung vertritt, die
von meiner ein klein wenig abweicht, kommt mir jener Satz
von Kurt Zube in den Sinn – und ich beruhige mich wieder.

5

Wie am Spießer ... — Neben dem Bourgeois gab es in der Tat
auch den *petit bourgeois*, den Klein- oder Spießbürger. Der
Kleinbürger, geübt in unselbständiger, von einer Hierarchie
abhängiger Arbeit, meist für den Staat oder in staats-nahen
Institutionen, ist ganz im Gegensatz zum kosmopolitischen
Bourgeois engstirnig. Ihm macht Abweichung Angst. Er ist
seiner Selbst und seiner Fähigkeit, in seiner Umwelt zurecht
zu kommen, so unsicher, dass er bereits in der Existenz einer
anderen Meinung oder gar eines anderen Lebensstils eine
Bedrohung seiner eigenen Existenz sieht. Der nun beinahe

007 Sigmund Freud »*... daß gerade einander nahestehende Gemeinschaften
sich befehden ... eine bequeme Befriedigung der Aggressionsneigung ...*« 1930
008 Kurt Zube (1905-1991), der Begründer der individual-anarchistischen
Mackay-Gesellschaft, schrieb unter dem Pseudonym K. H. Z. Solneman.
009 Die Welt online, 20. 10. 2015. Akif Prinçci, türkischstämmiger deut-
scher Autor, geriet ins Fadenkreuz der Mainstreampresse, nachdem er sich

zweihundert Jahre währende Kampf gegen den Kapitalismus, leider Gottes geführt mit tatkräftiger Unterstützung der Bourgeoisie, hat die bourgeoisen Tugenden inzwischen fast völlig aufgezehrt und zurück geblieben ist bloß noch der Kleinbürger. Hier sehen wir, dass nicht nur der Mainstream und die Opposition sich in Mimikry ergehen, vielmehr ebenfalls der islamistische – sowie bereits in Ansätzen der neo-christliche – Fundamentalismus: Gewaltsame Zurückweisung des Differenten, ins Brutale übersetzte Angst vor dem Andersdenkenden und Andersseienden greift nach der Weltherrschaft, die den permanenten Krieg beinhaltet. Die bourgeoisen Tugenden zurückzugewinnen, ist vordringlich. Ohne sie wird's keine Heilung geben. — ... *Spießer umgedreht.*

6

»Abweichung« als Verbrechen und als Krankheit. — Eine bedenkliche Steigerung der herrschenden Intoleranz ist die Pathologisierung und Kriminalisierung von abweichenden Meinungen, Haltungen und Lebensstilen. Die Übelschrift »Spaziergänger findet Hirn von Akif Pirinçci«[009] – »es lag dort offenbar seit 2012 zum Auslüften« – gibt sich satirisch, der Begriff »Homophobie« – in dessen Folge jede Menge weiterer sozialer, religiöser und politischer »Phobien« – meint es bitterernst mit der Krankheitszuschreibung. Leider übernimmt die Außer-Parlamentarische Opposition dieses Kampfinstrument kritiklos. Das ist als Reaktion verständlich, jedoch genau dies: reaktionär anstatt eine befreiende Alternative aufzuzeigen. Da hagelt es »Klimahysterie«[010] &

in einem Buch 2014 gegen einen – seiner Meinung nach – »irren Kult um Frauen, Homosexuelle und Zuwanderer« gewandt hatte.

010 Die Sorge um möglicherweise negative Folgen eines möglicherweise stattfindenden Klimawandels (Mitte des 20. Jahrhunderts schreckte manch ein Klimaforscher die Öffentlichkeit mit der Prognose einer neuen Eiszeit, vgl. z. B. *The Cooling World*, Newsweek vom 28. 04. 1975; wie jetzt übrigens

»Genderwahn«.[011] Und: »Sozialismus ist keine Meinung, sondern ein Verbrechen«. Dieses »Mem« ist übrigens eine Umkehrung des linken Slogans »Faschismus ist keine Meinung, sondern ein Verbrechen«.[012] Doppeldeutig klingt er, wenn wir »Faschismus« durch »Nationalsozialismus« ersetzen, aber das bloß so am Rande. Im Anschluss an diesen Slogan finden wir in linken Veröffentlichungen auch die Kennzeichnung des Faschismus als »Epidemie«;[013] das ist eine merkwürdige Kennzeichnung, wenn man bedenkt, dass die Linken darauf sich etwas zugute halten, gesellschaftliche Verhältnisse als Konsequenz von wirtschaftlichen Interessen zu analysieren. Schon kursiert auch die Variante »Islam ist keine Religion, sondern eine Geisteskrankheit«. — *gehirngewaschene* Kakerlaken wie Sie *degenerierten* Gutmenschentums, eine Geisteskrankheit, ein *unzurechnungsfähiger* Fall von Realitätsverlust *verblödeter* Würmer *usf* usw *usf* usw *usf*

einige wiederum ab den 2030er Jahren, vgl. *Forscher befürchten neue Kleine Eiszeit*, Focus vom 02. 11. 2013; seit den späten 1970er Jahren steht jedoch mit zunehmender Einmütigkeit die Prognose einer globalen Erwärmung im Vordergrund) wird auf die Formel reduziert, eine weltweite Koalition der mächtigsten Regierungen müsse im Vorgriff auf eine Weltregierung »das Klima schützen« (als gäbe es kein Klima mehr, falls es sich wandelt). Wer das nicht so sehe, sei ein »Klimaleugner« (der Vorschlag von 2012 des Musikwissenschaftlers [!] Richard Parncutt, Graz, die Todesstrafe für sie einzuführen, wurde nach Protesten von der Universitätsleitung aus seinem Internetauftritt entfernt und Prof. Parncutt entschuldigte sich). Allerdings: Der Gegenbegriff der »Klimahysterie«, den die Außer-Parlamentarische Opposition dagegen setzt, ist nicht um einen Deut besser, denn er pathologisiert in gleicher Weise und lässt keine Diskussion zu. Die eigentliche Diskussion müsste darum sich drehen, ob *selbst wenn* globale Erwärmung stattfindet und *selbst wenn* sie menschengemacht ist und *selbst wenn* sie negative Folgen hat, das Agieren der Staaten die geeignete Lösung wäre.
011 Die Geschlechterforschung – oder »*gender studies*« – entwickelte sich seit der Mitte der 1970er Jahre aus der kritischen Einsicht heraus, dass die Geschlechterrollen und das Selbstbild der Geschlechter sehr stark von den kulturellen Einflüssen abhängen und radikalisierte sich bis hin zu der Behauptung, »natürliche« Geschlechter gäbe es gar nicht. Eigenartigerweise

7

Beide Seiten sehen ihren Kampf gegen die jeweils andere als einen Kampf gegen Verbrechen und Krankheit; auf Verbrechen und Krankheit aber wäre die Idee von Meinungsfreiheit und Toleranz nicht anzuwenden. Demgegenüber ist bei ein wenig Nachdenken klar, dass Meinungsfreiheit nur meinen kann, dass die Freiheit besteht, sich abweichend zu äußern. Den Begriff der »Toleranz« finde ich gerade darum treffend, weil er »erdulden« oder gar »erleiden« bedeutet. Viele Menschen leiden tatsächlich darunter, wenn jemand Anderes etwas Anderes meint, glaubt oder tut, als er selber es für richtig, anständig, normal, natürlich, gesund *usf.* hält. Es auszuhalten, dass er das darf, ist Grundvoraussetzung für einen möglichen Frieden. Die Abweichung zu verbieten und den Abweichler zu verfolgen – das führt in den Kampf, in den Krieg. Am Ende dieser Entwicklung stehen Schlächter-

machten diese Sichtweise insbesondere auch viele Feminist*innen sich zu eigen, obwohl es dann für ihre Theorie »gar kein Subjekt gibt« (Judith Butler, *Das Unbehangen der Geschlechter*, Frankfurt/M. 1991, S. 17), ebenso wie bestimmte Schwulen- und Lesbenaktivisten, obgleich sie lebende Beweise dafür sind, dass das Geschlecht eine zentrale Rolle spielt und sie sich keineswegs neutrumisieren lassen wollen. Anstatt mit der These der Geschlechterforschung »spielerisch« und »subversiv« umzugehen, wie es Judith Butler nahezulegen schien (vgl. S. 203; anders aber S. 214), wird sie inzwischen umgesetzt durch bürokratische Anweisungen, bei offiziellen Texten, bei universitären Arbeiten, bei Stellenanzeigen usw. »korrekte« (geschlechtsneutralisierende) Bezeichnungen zu verwenden, durch dogmatische Unterrichtsmaterialien in der öffentlichen Schule und durch generelles Mobbing qua *shitstorm* gegen Personen, die an die »korrekten« Sprachregelungen nicht sich halten. Wiederum pathologisiert der Begriff der Außer-Parlamentarischen Opposition »Genderwahn« die Diskussion, untermalt mit Anklang an den »Rinderwahn«. Die Diskussion müsste eigentlich darum sich drehen, dass aus einer These eine repressive Politik abgeleitet wird, und dürfte nicht sich gegen die These als solche richten.
012 www.jusos.de > Themen > Antifa (aufgerufen am 24. 11. 2015).
013 Mustafa Korkmaz, *In die Offensive gehen*, in: »Sozialismus von unten«, Nr. 6, Frühjahr 2001.

staaten wie etwa die Sowjetunion, der Nationalsozialismus oder der Islamische Staat sie veranstaltet haben bzw. noch veranstalten. Die Entwicklung hin zu einem solchen Staat ist niemals dadurch zu verhindern, dass die Instrumente der Kriminalisierung und der Pathologisierung auf die Andersdenkenden angewandt werden. — *Des Himmels Herrn ... |* *... Verhaßtestes aber ist, | so lange sie herrschen, das Falsche, und es gilt | dann Menschliches unter Menschen nicht mehr.«*[014a]

8

Akte X. — »Der Schulverwaltungsbürokrat steht vor einer Menge von wesentlichen und kontroversen Entscheidungen über die formale Schulausbildung in seinem Gebiet. Er muss entscheiden: Wie soll die Schulausbildung sein – traditionell oder progressiv? Unternehmensorientiert oder sozialistisch? Wettbewerbsorientiert oder egalitär? Allgemein- oder berufsbildend? Integration oder Monoedukation? Sexualkunde – ja oder nein? [...] Folglich nehmen das Ausmaß und die Intensität der sozialen Konflikte in der Gesellschaft immer weiter zu, wenn die Sphäre der öffentlichen im Vergleich zur privaten Bildung sich vergrößert. [...] Vergleichen wir die Nachteile und intensiven sozialen Konflikte, die mit staatlichen Entscheidungen einhergehen, mit der Lage auf dem freien Markt. Wenn Bildung völlig privat wäre, könnten alle Eltern und alle Gruppen von Eltern ihre eigene Art von Schule führen. Eine Menge von verschiedenen Schulen würde entstehen und auf die verschiedenartigen Bildungsbedürfnisse der Eltern und Kinder treffen. Einige Schulen wären traditionell, andere progressiv. Schulen mit Abstufungen zwischen progressiv und traditionell entstünden. Einige Schulen würden mit egalitären Methoden und ohne

014a Friedrich Hölderlin 1805, zit. n. Frankfurter Ausgabe, *Gesänge*, Frankfurt/M. 2000, S. 824f.

Zensuren arbeiten, andere streng nach Fächern unterrichten und benoten, einige wären säkular, andere an unterschiedlichen Glaubensbekenntnissen ausgerichtet, einige Schulen wären libertär und würden die Tugenden des freien Unternehmertums hochhalten, andere dagegen irgendeine Form des Sozialismus predigen.«[014b]
Keiner wird Murray Rothbard Sympathie für den Sozialismus nachsagen können. Deshalb steht er hier als Symbol dafür, dass Freiheit bloß als Freiheit Andersdenkender denkbar ist. Die Nazi-Keule zu schwingen, sei nicht ehrenrühriger als die Sozialismus-Keule. — *Anarchie ist ja gar ¿k?eine* UTOPIE.

<h2 style="text-align:center">9</h2>

Der Freiheit eine Burka. — Eine aktuelle Ergänzung zu Rothbards Plädoyer für die Bildungsvielfalt gibt es im Bereich der Religion. Zu Recht empört es jeden, der für Freiheit auch und gerade im Schulwesen eintritt, wenn der Staat mittels seiner Schulpflicht christliche Eltern zwingt, ihre Kinder auf eine Schule zu schicken, die ihrer Meinung nach verderbt ist. Auf der anderen Seite fehlt, soweit ich es sehe, im Moment der gleiche Aufschrei, wenn es um die Zwangsintegration von muslimischen Kindern geht. Hier mit zweierlei Maß zu messen, ist nicht nur intellektuell unlauter, sondern auch politisch-gesellschaftlich fatal: Es lässt die Idee der Freiheit als eine parteiische erscheinen, als eine wohlfeile Ideologie, die man anwendet, wenn es einem passt, die man aber wegdiskutiert, wenn es einem gegen den Strich geht.
Umgekehrt realisieren solche Islamkritiker, die den Staat gern etwa damit beauftragen würden, das Tragen der Burka zu verbieten, nicht, dass ein Staat, der derart tief ins Private einzugreifen vermag, ihm ebenso leicht untersagen könnte,

014b Murray Rothbard, *Für eine neue Freiheit: Kritik der politischen Gewalt, Band 2: Soziale Funktionen* (1973/78), Berlin 2015 (edition g. 103), S. 100f.

gebratenen Speck zum Frühstück zu speisen. Dieses Beispiel
ist angesichts des Wirbels Herbst 2015 um einen Bericht der
Weltgesundheitsorganisation (WHO) zur krebsfördernden
Wirkung von »verarbeitetem Fleisch« nicht mehr reines
Gedankenspiel.[015] Viele Islamkritiker sind eigentlich Islam-
plagiatoren. — *alles kommt zum ende nur die* WHO *kommt nicht*

10

Die Freiheit erhalten und womöglich freiheitliches Terrain
vom Staat zurückerobern, kann man niemals, indem man
nur für die eigene Freiheit des Glaubens, Meinens, Handelns
eintritt, während man der gleichen Freiheit der Anderen indifferent oder gar feindlich gegenüber steht. Freiheit ist un-
teilbar, wie Ludwig von Mises sagte.[016] Bloß wer die Freiheit
des Anderen verteidigt, auch und gerade solcher Anderen,
die einem selber ganz und gar nicht behagen, wird für sich
Frieden und Freiheit erringen. — *»Die Spur des Anderen.«*

11

Als 1968 Richard Nixon republikanischer Präsidentschafts-
kandidat war und im Wahlkampf den Slogan benutzte, er
werde das Land mit einer »schweigenden Mehrheit« zur

015 *»Wurst ist laut WHO-Experten krebserregend«*, Spiegel online 26. 10.
2015. *»Wurst: WHO präzisiert Krebs-Aussage«*, Spiegel online 30. 10. 2015;
»präzisiert« ist ein Euphemismus für »widerruft«.
016 Ludwig von Mises, *Die Wurzeln des Antikapitalismus* (1956), Frankfurt
am Main 1979, S. 120.
017 Richard Nixon (1913-1994), US-Präsident 1969-1974. Zunächst Ausweitung, dann Beendigung des Vietnamkriegs. Drastische Interventionen
in die Wirtschaft mit Lohn- und Preiskontrollen. Schließlich des Amtes
enthoben, weil er politische Gegner im Wahlkampf abhören ließ (»Water-
gate-Skandal«).
018 »Neue Linke« ist eine Sammelbezeichnung für Denkrichtungen und
Strömungen der 1960er und 1970er Jahre, die sich dezidiert vom Staatskommunismus und von der sowjetischen Lesart des Marxismus abhoben;
zentrale Anliegen waren eine emanzipatorische Politik, »anti-autoritäre«

»Normalität« zurückführen, wusste jeder, was Nixon unter Normalität verstand: nämlich den traditionellen *»American way of life«*.[017] Und von wem er diese Normalität bedroht sah: nämlich von den Demonstranten und Hippies der anti-autoritären Neuen Linken.[018] Einige Beobachter realisierten, dass die Demonstranten und Hippies viele der Werte des traditionellen *»American way of life«* am Leben erhielten: nämlich Selbstorganisation unabhängig und außerhalb der staatlichen Institutionen sowie das Recht auf Widerstand gegen die Regierung. Noch weniger realisierten, dass Nixon die Republikaner endgültig von der anti-autoritären Alten Rechten und ihrem *»laissez faire«* wegführte und zu einer links-liberalen Partei machte, die z.B. mit Lohn- und Preis-kontrollen in die Wirtschaft intervenierte und die nun die Rolle der USA als Weltpolizisten zu akzeptieren bereit sich fand. Andererseits stieß Nixon erste Experimente mit den von Milton Friedman vorgeschlagenen Bildungsgutscheinen an; ein ausgewiesener sozialistischer Erziehungswissen-schaftler wurde mit der Aufgabe betraut, einen Plan für die Durchführung zu erstellen.[019] Obwohl dieser Plan aufgrund des Widerstands u. a. der Lehrergewerkschaften weitgehend fehlschlug, stellte jener den Versuch dar, das ¡traditionelle!

Erziehung sowie Anti-Militarismus. In den USA war sie zunächst stärker an anarchistischen Konzepten und den liberalen Idealen Thomas Jeffersons orientiert, verkörpert etwa durch Paul Goodman (1911-1972); dies führte dort zu einer Koalition mit der alten, anti-autoritären Rechten, die ihren Rückhalt in der offiziösen Politik stetig weiter einbüßte, und Konstitution des Libertarianism, verkörpert besonders durch Murray Rothbard (1926-1995). In Europa war die Aneignung klassisch anarchistischen Denkens eher als eine Art »Gewaltkur gegen die Alterskrankheiten des Kommunis-mus« gedacht, wie Daniel Cohn-Bendit 1968 formulierte. Die Aktionen wurden tatsächlich zunehmend gewalttätig, glitten dann in Terrorismus ab, und das Denken führte zurück in die Bahnen des alten marxistischen Dogmatismus.

019 Der Versuch fand statt im Distrikt Alum Rock, Kalifornien. Vgl. Stefan Blankertz, *Legitimität und Praxis*, Wetzlar 1989, S. 154ff.

Bildungssystem in den USA umzukrempeln und wieder freiheitlicher zu gestalten. — *Im Chor: >Auch Nixen tut Wixon.<*

12

Der Begriff der schweigenden Mehrheit war durchaus nicht ungefährlich. Da eine solche Mehrheit schweigt, ist sie noch schwerer zu interpretieren als »der« Wählerwille: Was war die »Normalität«, zu der man sich zurücksehnte? Die Lage unter John F. Kennedy[019a] Anfang bis Mitte der '6oer Jahre? Freihandel? Loyalität gegenüber einer Fahne? Ein Kadavergehorsam in den Institutionen? Die schweigende Mehrheit schwieg sich dazu aus. Jeder konnte hineininterpretieren in sie, was immer er wollte. Zudem macht der Begriff deutlich, dass im demokratischen Prozess bestenfalls eine artikulierte Minderheit zu Wort kommt, der gegenüber eine Mehrheit steht, die sich – aus welchen Gründen auch immer – nicht artikulieren kann oder will. Insofern beschert der Begriff der schweigenden Mehrheit dem demokratischen Prozess selbst ein Legitimationsproblem.

13

Und weil jene »schweigende Mehrheit« beharrlich weiter schwieg, war der Siegeszug der Linken nicht aufzuhalten. Allerdings verwandelte sich der Impuls der Neuen Linken, ein alternatives Leben außerhalb und mit Widerstand zum Staat zu organisieren, in sein glattes Gegenteil: Die Macht des Staats wurde genutzt, nicht etwa, um mehr Freiräume für »jeder macht sein eigenes Ding« zu eröffnen, sondern um die eigenen Vorstellungen durchzusetzen und Anderen aufzuzwingen. Heute weiß keiner mehr, der sich gegen die

019a John F. Kennedy (1917-1963), US-Präsident 1961 bis zu seiner Ermordung. Er gab den Startschuss sowohl für den Vietnamkrieg als auch für den Aufbau des Wohlfahrtsstaats.

herrschenden Linken stemmt, eine schweigende Mehrheit
hinter sich. Indem man vom »Mainstream« spricht, gibt
man zu, dass die schweigende Mehrheit gleichsam die Seite
gewechselt hat. Der Hauptstrom schwimmt jetzt in die linke
Richtung (die, gemessen an dem ursprünglichen Impuls ◆
der »Neuen Linken«, gar nicht mehr nach links weist). ➧

14

Die Norm. — Ein, meines Erachtens verhängnisvoller Aspekt
der Berufung auf die schweigende Mehrheit hat sich allerdings bis heute gehalten und zwar die Verweigerung gegenüber jedem intellektuellen Diskurs. Die Berufung auf die
schweigende Mehrheit war auch darum so praktisch, weil es
nicht nötig war, sich mit den Theorien der Neuen Linken aus-
einander zu setzen. Die Mehrheit war (angeblich) dagegen.
¿In einer Demokratie reicht das doch als Argument, oder?
¿Aber was tun, wenn die Mehrheit nicht mehr »dagegen«
(wogegen auch immer) ist? Damals, Ende der 1960er Jahre
wollte die Mehrheit zu einer »Normalität« zurückkehren,
von der die meisten noch eine gewisse Vorstellung hatten,
auch wenn es bei näherem Hinsehen viele unterschiedliche
Vorstellungen waren. Doch die vom Staat verordnete neue
Lebensweise wird, egal um welche es sich handelt, nach
einer gewissen Zeit genau zu jener Normalität, auf der die
schweigende Mehrheit so beharrt. — *DIN EUdSSR ISO 2016.*

15

Selbstausgrenzung. — In den Debatten heute, ob Asylpolitik,
Energiewende, Eurorettung, Genderisierung, Klimawandel,
Sexualkundeunterricht oder Windenergie usw., wimmelt es
in den Entgegnungen auf den Mainstream von Begriffen wie
»absurd«, »gegen die Interessen des Volkes«, »unnatür-
lich« usw. Zu behaupten, eine anderslautende Position sei

»absurd«, hat allerdings sehr wenig von einem Argument und ist auch gar nicht darauf angelegt, jemanden zu überzeugen, vielmehr auszugrenzen auf dem Hintergrund, dass die abgelehnte Position von einer kleinen Minderheit vertreten werde. Angesichts einer Mainstream-Überzeugung ist die außersachliche Isolierung oder Lächerlichmachung aber nicht nur intellektuell ohne Wert und moralisch abzulehnen, sondern auch taktisch höchst unklug: Mit dem Vorwurf, der Mainstream sei »absurd«, grenzt man selber sich aus.

16

Demgegenüber hat die linke Theorie über viele Jahrzehnte in der Zeit nach dem Zweiten Weltkrieg, unfähig, sich auf eine schweigende Mehrheit zu berufen, zäh an Konzepten gearbeitet und diese untereinander durchaus hart & kontrovers diskutiert. Sie erlangte die intellektuelle Hoheit, weil die konservativen, klassisch liberalen und zum Teil leider auch die libertären Kräfte das Feld geräumt haben und sich in der Sicherheit sahen, dass eben die schweigende Mehrheit sie trüge. 1985 sagte (der von mir im Übrigen geschätzte) Samuel Edward Konkin III[020] auf der Konferenz der »International Society for Individual Liberty«[021] bei Oslo zu mir, er hielte alle Soziologen für Sozialisten; ich sei der einzige Soziologe, den er kenne, der sich nicht als Sozialist verstehe. Mit solch einer Haltung wird man keine Soziologen für die Sache der Freiheit gewinnen. Und selbst in der Ökonomie, der Wissenschaft, in der wir vermutlich stark sind, befindet der Mainstream sich auf dem stramm etatistischen Kurs des

020 Samuel Edward Konkin III (1947–2004), abgekürzt SEK 3, gründete in Antwort auf einen zunehmenden Rechtsdrall bei den us-amerikanischen Libertären Mitte der 1970er Jahre das »Movement of the Libertarian Left« und entwickelte die Theorie, dass der Staat nicht durch politische Aktionen, sondern durch die stetige Ausweitung der Untergrundökonomie überwunden werde (»Agorismus«).

Interventionismus. — *Die Theoriefeinde sind die eigentlichen Konformisten,*[022] hatte ich 1990 geunkt. Das gilt nach wie vor, bloß noch mehr so. #Eule-der-Miverva #Dämmerung #Flug

17

Wir haben k?eine Chance … — Die Lage stellt sich heute aber anders dar als in der Nachkriegszeit. Die herrschende Linke ist konservativ. Sie wiegt sich in Sicherheit, die schweigende Mehrheit stehe hinter *ihr. Sie* braucht die intellektuelle Auseinandersetzung nicht mehr. Sie diskreditiert gegnerische Positionen als »absurd«, gefährlich, kriminell usw. und weigert sich, theoretische Ansätze aus dem konservativen, dem klassisch liberalen und dem libertären Lager auch bloß anzuschauen: — … *nutzen wir sie.*

18

In der Komödie »*To True to be Good*« (1931, dt. *Zu wahr um schön zu sein*) von George Bernard Shaw siecht eine bis zur Lebensunfähigkeit verwöhnte und umsorgte junge Frau, die Tochter von Mrs Mopply, dahin, »*the Patient*«. Begraben unter Daunen und Decken lebt sie »in einem der besten Schlafzimmer in einer der besten Vorstadtvillen in einer der reichsten Städte«.[023] Neben ihr am Bett sitzt ein Monster, »*the Microbe*«, und klagt, es sei von der falschen Lebensweise der Patientin infiziert worden. Es besteht aus einer halb durchsichtigen, leuchtenden Gallertmasse und ist die Personifikation der Krankheit der Patientin, während die Ärzte natürlich umgekehrt diagnostizieren, die Mikrobe sei

021 International Society for Individual Liberty, entstanden 1989 aus dem Zusammenschluss der Society for Individual Liberty, gegründet 1969, und der Libertarian International, gegründet 1980.
022 *Goodmans Auffassung von Beruf,* in: Gestalttherapie 2/[19]90, S. 16.
023 George Bernard Shaw, *Zu wahr um schön zu sein* (1931), Gesammelte Stücke in Einzelausgaben, Band 15, Frankfurt/M. 2000.

die Ursache der Krankheit der Patientin. Dementsprechend darf in das Zimmer der Patientin kein Windhauch dringen. Zur Beobachtung der Patientin ist eine neue Nachtschwester eingestellt worden, Susan. Kurz darauf führt Susan sich allerdings merkwürdig auf. Dann lässt sie sogar einen »befreundeten« Herrn von der Straße durch das Fenster einsteigen. Die beiden entpuppen sich als Gangster, die es auf die Juwelen der Patientin abgesehen haben. Die Patientin bemerkt den Diebstahl und schlägt vor, eine Entführung zu inszenieren. Derart beginnt ein belebendes Abenteuer des Ausbruchs aus dem, was die kränkelnde Patientin als eingesperrtes und behütetes Leben kennt. Die »Patientin« zeigt sich als sehr wohl lebensfähig im Dschungel. Ihre Gesundheit ist, dem Unken der Mikrobe und der Ärzte zum Trotz, von eiserner Resilienz gekennzeichnet: Nach der Flucht der Patientin aus ihrem goldenen Käfig der Krankheit tritt die Mikrobe vors Publikum und erklärt, die eigentliche Handlung des Stücks sei nun zuende.

19

Kein Zweifel, der Sozialstaat versetzt in solch eine Situation permanenter Bettlägerigkeit: Er versorgt und macht damit lebensuntauglich außerhalb des Bereichs seiner Versorgung. Die Flüchtlinge, die protestieren der Kälte oder anderer Versorgungsmängel in den ihnen zugewiesenen Unterkünften wegen, die untereinander sich in Streitigkeiten verwickeln, könnten mit ihrer Energie und ihrem Engagement zweifellos andere, bessere Dinge bewirken, nämlich selbst sich helfen. In den Ländern, aus denen sie geflohen sind, haben sie ebenso zweifellos genau dies gelernt: Improvisieren mit dem, was da ist, und Selbsthilfe. Die Schwierigkeiten, die sie bei der Flucht oft zu überwinden gehabt haben, sind ihrerseits ein Beispiel für derartige improvisierte Selbsthilfe. Der Grund, der dazu führt, dass sie ihre Fähigkeit, sich selbst zu helfen und zu improvisieren, scheinbar über Nacht »verlieren«, ist ein verborgener Mechanismus: Der Sozialstaat. Offensichtlich ist bloß, dass Menschen »etwas« kriegen, ohne dafür »etwas« zu tun. Sie sind in den Augen von hart arbeitenden, steuerbelasteten Menschen also (nachvollziehbar, aber dennoch falsch »gesehen«) Schmarotzer. Zumindest eins müssen sie, nämlich klaglos & dankbar nehmen, was ihnen vorgesetzt wird. — Hier *ist die Rose*, hier *tanze*.

20

Bei den Flüchtlingen wäre es allerdings leichter zu sehen als bei einheimischen Empfängern von Transferleistungen, dass sie das System des Sozialstaats nicht geschaffen, sondern schlicht vorgefunden haben. Selbst wenn sie das System des Sozialstaats ausnutzen (demnach bewusst die Haltung von Schmarotzern einnehmen) sollten, kann keiner im Ernst behaupten, sie seien die Ursache dafür, dass hier sich ein ausnutzbares System befindet, genausowenig wie Kinder, die in die Sozialsysteme hineingeboren werden, deren Ursache sind und, sofern sie von ihnen profitieren, schmarotzen. Aber warum gibt's das System? Wer sind seine Urheber, wenn nicht die Empfänger der Transunfairleistungen (weil dies nämlich die wahren *Opfer* von Überwachung und Reg[ul]ierung sind)?

21

Konservativ-liberale Kritiker von Transunfair-, also aSozialstaat und »Einwanderung in die Sozialsysteme« – an sich schon eine widersprüchliche und ungenießbare Mischung – prägten für die gesuchten Urheber einen Begriff mit einem eher polemischen als analytischen Charakter, der dennoch, dialektisch betrachtet, bei der Analyse weiterhelfen kann: Die Gutmenschen. Die Gutmenschen wollen anderen, hilfebedürftigen Menschen unter die Arme greifen und deshalb installieren sie den Transferleistungen verteilenden Sozialstaat. Diese Gutmenschen sind – immer noch gesehen aus dem Blickwinkel der konservativ-liberalen Kritiker – nicht selber die Empfänger der Transferleistungen; und genau an dieser Stelle befindet sich der tote Winkel in der Kritik. Soziologisch gesehen gehören die Gutmenschen als Besserverdienende und Hochgebildete zur Mittel- und Oberschicht, nach konservativ-liberaler Ansicht die Opfer vom Transferstaat. Zudem sind die Gutmenschen gut organisiert und politisch einflussreich, sonst könnten sie den Staat ja nicht bestimmen. — *Rattenfänger in der vermerkelten Stadt.*

22

Als gut verdienende und gut organisierte Menschen könnten die Gutmenschen ohne Schwierigkeiten denjenigen, die sie für hilfebedürftig halten, Hilfe in von ihnen gewünschter Weise auf freiwilliger Basis zukommen lassen. Sie wollen stattdessen die Hilfe jedoch, einem berühmten Wort von Margaret Thatcher[023a] zufolge, mit »anderer Leute« Geld in Szene setzen. Formulieren wir diesen Gedanken einmal genauer und in kleinen Schritten, um zu sehen, was uns das über die Gutmenschen sagt: Sie benutzen ihre Macht, *um* ein System zu errichten, das anderen Menschen als sie selber Geld abnimmt, *um* damit »Gutes zu tun«, obwohl sie ohne jeden Zweifel genug eigene Mittel hätten, dies auch selber zu bewerkstelligen. So formuliert liegt die Vermutung nahe, dass die Absicht, Gutes tun zu wollen, nur vorgeschoben ist und eine andere, wahre Absicht kaschiert. Diese Vermutung

023a Margaret Thatcher (1925-2013), von 1979-1990 britische Premierministerin, einer von den wenigen Politikern, die minimalen, aber realen Staatsabbau erreicht haben. »Socialist governments traditionally do make a financial mess. They always run out of other people's money.« Interview, Thames TV, 05. 02. 1976.

wird gestützt durch die soziologische Beobachtung, dass gut organisierte Menschen ihren Einfluss und ihre Macht vornehmlich hierfür einsetzen, ihre eigenen Interessen zu befördern. Denn, wie gesagt, um »Gutes zu tun«, braucht man keine politische Macht und kein politisches System, man kann es vielmehr schlicht und einfach *tun*. Mit dieser Einsicht kommen wir zu einer neuen Formulierung: Die Gutmenschen richten das sozialstaatliche System der Transferzahlungen ein, *um* damit für sich selber Vorteile zu sichern. Die vorgeschobene Absicht, »Gutes zu tun«, ist Mittel zum Zweck. Die sichtbaren Empfänger der Transferzahlungen sind nicht Nutznießer, stattdessen Opfer des Systems, weil ihnen die Möglichkeiten genommen werden, selber sich zu helfen, und sie vielmehr hilflos und klaglos nehmen müssen, was die Gutmenschen an ihrer statt sich ausgedacht haben.

23

Affirmative Kritik. — Peinsam an der Situation: Der Begriff des Gutmenschentums leistet der Kaschierung der wahren Absicht Vorschub. Ideologischer Schein wird zu Realität verklärt. Die Opposition richtet sich gegen die Falschen und das Falsche. Das System und seine Profiteure bleiben geschützt.

24

Herbst 2015, aufgrund der gegenwärtigen Flüchtlingskrise wurde in der Außer-Parlamentarischen Opposition der Ruf nach einem Rücktritt von Bundeskanzlerin Angela Merkel laut. Jeder Kritiker der Politik der Bundesregierung hat Vorund Ratschläge, wie denn der Staat richtig handeln solle. Man weiß, wie man die Flüchtlinge am Kommen hindern, wie man sie unterbringen, wie man sie nach »integrierbar« und »nicht-integrierbar«, »brauchbar« und »unbrauchbar«, »terroristisch« und »friedlich«, nach »echter Asyl-

suchender« und »Wirtschaftsflüchtling« unterscheiden
und die nicht genehmen Personen schnell, unbürokratisch
(auch unblutig?) wieder Retour schicken kann. Jeder ist der
kompetente Regierungs-, Verwaltungs- und Juraexperte. Die
Bundeskanzlerin Merkel sei nur zu dumm, es »richtig« zu
machen, oder sie folge gar einer »volksverräterischen Absicht«, das deutsche Volk zu zerstören. — *Legal, ...*

25

Hinter einer solchen Kritik steht das idealistische Bild vom
Staat, der dann gut sein könnte, sofern er nur von guten, ehr-
lichen und klugen Männern (oder Frauen) geführt werde. Jeder Etatist, schrieb Ludwig von Mises 1941, sage »ganz allgemein ›Staat‹, doch meint er immer nur den Staat, dessen
Regierung genau das tun wird, was er, der einzelne Etatist,
für richtig hält. Darum kann auch keine Erfahrung seinen
Köhlerglauben erschüttern«.[024] Diese Formulierung ist für
den sachlichen Ludwig von Mises ungewöhnlich polemisch
und doch enthält sie eine bedeutende theoretische Einsicht.
Den polemischen Ton schreibe ich der Verzweiflung Ludwig
von Mises' darüber zu, dass diese so klare und einfache Einsicht sich nicht durchzusetzen versteht. Die Einsicht lautet:
Der Austausch des im Staat handelnden Personals ändert
niemals etwas an dem zugrundeliegenden Problem. Das
Problem besteht nicht darin, dass die Falschen im Staat am
Ruder sind, sondern das Problem ist das allen staatlichen
Entscheidungen zugrunde liegende Urprinzip der Gewalt.

024 Ludwig von Mises, *Im Namen des Staates* (1941), Stuttgart 1978, S. 89.
025 Zit. n. Daniel Guerin, *Anarchismus* (1965), Frankfurt/M. 1967, S. 28.
026 Eric Peters, *Die Partikel-Dschihadisten*, in: eigentümlich frei online, am
30. 11. 2015: »Die hysterischen Medienberichte erwecken den Eindruck,
dass die mittels einiger Programmzeilen erzielte Veränderung der Abgas-
belastung alles andere als geringfügig sei. Schrille Schreie vom bis zu ›40-
fachen‹ des ›zulässigen Maximums‹ schallen durchs Land. [...] Was ist das

»Nehmt den radikalsten Revolutionär und setzt ihn auf den Thron aller Russen oder verleiht ihm eine diktatorische Macht«, sagte der russische Anarchist Michael Bakunin 1870 im gleichen Sinne wie Ludwig von Mises, »und ehe ein Jahr vergeht, wird er schlimmer als der Zar selbst geworden sein.«[025] Der »Köhlerglaube«, es sei die Unzulänglichkeit des jeweils augenblicklich Herrschenden, der das Problem ausmache, hält das Urprinzip der staatlichen Gewalt aus der Schusslinie. — ... *illegal,* ...

26

Der VW-Aufsichtsratvorsitzende Martin Winterkorn *ist* im Herbst 2015 zurückgetreten. Aus der gleichen Ecke, wo man gern einen Rücktritt der Bundeskanzlerin Merkel forderte (um Deutschland zu retten), wurde *dieser* Rücktritt eher als ein Komplott der bösen US-Imperialisten gegen das saubere Deutschland gewertet. In der Tat stellte sich die »Causa«, um die es beim VW-Abgasskandal ging, als objektiv recht minimal heraus.[026] Außerdem wurden nicht Kunden, vielmehr Behörden betrogen. Aber immerhin, bei der Abgasmanipulation brach VW »geltendes Recht«, etwas, das man Frau Merkel in hysterischen Tönen vorwirft. Auch hier liegt das Problem auf einer ganz anderen Ebene, wie jeder weiß, der Ayn Rands Roman *»Atlas Shrugged«* von 1957 gelesen hat.[027] ... *there is only one kind of men who have never been on strike ... the men who have carried the world on their shoulders ... well ... their turn has come ...* — ... ¿scheißegal?

>zulässige Maximum‹? Ein sehr kleiner Betrag. Weniger als ein Prozent der gesamten Abgase eines Autos. [...] Aus dem Zusammenhang gerissen klingt die Zahl alarmierend. [...] Die Wahrheit [...] ist, dass die Abgase von Neuwagen [...] so gründlich gereinigt werden, dass kaum noch welche vorhanden sind.«

027 Deutsche Ausgaben unter verschiedenen Titeln: »Atlas wirft die Welt ab« (1989), »Wer ist John Galt?« (1997) und »Der Streik« (2012).

¡Viva la huelga! — Eingebettet in eine bisweilen eigenartige Liebesgeschichte zeigt Ayn Rand in *»Atlas Shrugged«*, wie ein Land – unschwer als die USA zu erkennen – sich deindustrialisiert durch eine Serie von Katastrophen, die den gegenwärtigen sich häufenden Industrieunfällen erstaunlich ähnlich sind.

Die Katastrophen beschreibt der Roman als die Folgen eines organisierten »Streiks« von den kreativen Menschen, die es ablehnen, unter der ständig wachsenden Reglementierung des Staats ihr Wissen und ihre Kraft zu vergesellschaften. Sie ziehen sich auf eine unscheinbare Privatexistenz als einfache Arbeiter zurück oder sie helfen bei einem Projekt, das beabsichtigt, das Land außerhalb des bestehenden Systems neu zu errichten.

Die beiden Protagonisten des Romans allerdings weigern sich, diesen Streik zu unterstützen. Durch ihre Anstrengung erhalten sie das marode System des Etatismus aufrecht, das ihnen das Leben schwer macht. Diese Haltung nennt Ayn Rand *»the sanction of the victims«*,[028] also die Bestätigung der herrschenden Verhältnisse durch die Opfer. Der Roman schließt mit dem Zusammenbruch des Staats und einem Wiederaufbau durch die Kräfte der Streikenden.

Die Probleme sind weder darauf zurückzuführen, dass die Entscheidungsträger etwa eine »böse« Absicht verfolgen, noch darauf, dass »zu wenig Wissen« vorhanden ist. Dementsprechend lassen sich die Probleme auch weder derart lösen, dass man die Entscheidungsträger austauscht, etwa durch Wahlen, noch beeinflusst, etwa mit Protestaktionen.

— *»Force and mind are opposites; morality ends where a gun begins.«*

028 Ayn Rand, *The Sanction of the Victims* (1981), in: *The Voice of Reason*, New York 1990. Dies war ihr letzter Essay.

VW ist alles andere als ein Konzern des freien Marktes. Gegründet im Dritten Reich auf Wunsch des Führers, nach dem Krieg unter britischer Schirmherrschaft fortgeführt (neben anderem mit einer vorgeschriebenen starken Rolle der Gewerkschaften), schließlich 1960 scheinbar privatisiert, allerdings auf eine solche Weise, dass die Staatsmacht niemals ihre beherrschende Stellung verliert. VW war damit schon immer ein Symbol des Korporatismus. Die Unternehmen des Korporatismus sind politisch nicht zu kontrollieren, weil sie privat sind. Sie sind aber auch nicht vom Markt durch die Kunden zu kontrollieren, weil sie starke politische Protektion besitzen. Politische Protektion allerdings ist eine Hure. Interessen können aufeinander treffen. In dem Kampf EPA[029] gegen VW trifft nicht ein bürokratisches Monster auf einen unschuldigen, hilflosen Kapitalisten, vielmehr ringen zwei feindselige Staats- bzw. staats-nahe Interessen auf dem Rücken der Bevölkerung. Wer als König*in oder Führer*in an der Spitze steht, ist dabei relativ *scheißegal*.

Und hier haben wir diesen Punkt, an dem die Causa Merkel und die Causa Winterkorn zusammenfallen: Köpfe rollen zu lassen, ändert nichts an dem kranken System, beruhigt aber die aufgebrachten Gemüter der Betrogenen. Auch ist nicht zielführend, diesen Köpfen Dummheit zu unterstellen. Je länger sie sich an der Macht halten, um so sicherer ist es, dass sie zumindest über hinreichende instrumentelle Vernunft verfügen. Unwahrscheinlich ist es überdies, dass sie einer anderen »geheimen Agenda« folgen als der, sich an der Macht zu halten und ihrer jeweiligen Machtbasis Vorteile zu

029 US Environmental Protection Agency, die us-amerikanische Umweltbehörde.

verschaffen; meist handelt es sich um ökonomische Vorteile. Und was für eine wunderbare Choreografie der Macht, die sich niemand ausdenken, die niemand planen kann, die vielmehr Ergebnis ihrer eigenen, inneren Logik ist: Da werden die Schleusen für die Flüchtlinge geöffnet. Die Regierung kann sich der Unterstützung der Gutmenschen sicher sein. Die Außer-Parlamentarische Opposition sorgt sich um Überlastung der Sozialsysteme und um Überfremdung, um eine mangelhafte Integration und um eine »Zuwanderung von Kriminellen«. Sie fordert eine härtere Gangart des Staats. Dann stellt die Regierung erstaunt fest, dass die Grenze der Aufnahmefähigkeit eines Sozialstaats für die Immigration erreicht sei, und sie ergreift Maßnahmen (»Maßnahmen ergreifen« ist eine Lieblingsbeschäftigung der Politiker, das Lebenselixier der Politik). Das macht alle beiden möglichen oppositionellen Positionen mundtot.

30

In der Flüchtlingskrise warfen Gegner von Einwanderung der Bundeskanzlerin Angela Merkel und ihrer Regierung mit zunehmender Vehemenz einen »Bruch des geltenden Rechts« vor. Der Vorwurf eines Rechtsbruchs als indirektes und stellvertretendes Mittel politischer Auseinandersetzung hat in den demokratischen Rechtsstaaten Tradition und diejenigen oppositionellen Kräften setzen es ein, die zum gegebenen Zeitpunkt keine Chance sehen, sich mit den nach geltendem Recht vorgegebenen parlamentarischen (oder in anderen Staaten als der BRD auch: plebiszitären) Mitteln durchzusetzen. Im politischen Tagekampf wird gerade von radikaleren linken oder rechten oppositionellen Kräften oft vergessen, dass sie in anderen Hinsichten Übertretungen des »geltenden Rechts« fordern (oder zumindest gutheißen). Was aber soll das hier denn bedeuten – »geltendes Recht«?

#LOL. Wenn es nach geltendem Recht ginge, dürfte der Vorwurf allenfalls »*Verdacht* auf einen Verstoß gegen geltendes Recht« lauten. Denn ob ein solcher Verstoß vorliegt, entscheidet – nach geltendem Recht – das zuständige Gericht. Entscheidet das Gericht, wenn es denn überhaupt zu einem Verfahren kommt, im Sinne der Opposition, stimmt sie dem geltenden Recht freudig zu. Entscheidet das Gericht gegen die Opposition oder lehnt die Aufnahme eines Verfahrens gar ab, wird die Unabhängigkeit des Gerichts bezweifelt und darauf hingewiesen, es mache einen Teil vom herrschenden System aus.

Wie dem auch sei, wer auf »geltendes Recht« als Maßstab des Erlaubten sich beruft, kann sich nicht das herauspicken, was ihm politisch in den Kram passt, sondern er muss es als Ganzes akzeptieren. Und zu dem geltenden Recht, welches Merkel angeblich bricht, gehört genauso die Konstellation der staatlichen Gerichtsbarkeit und ihrer Prozeduren. #ROFL

32

Woher nun nimmt das geltende Recht seine Verbindlichkeit als der Maßstab des Erlaubten? Machen wir ein Gedankenexperiment. Da gibt es einen Staat, nennen wir ihn Deutsche Demokratische Republik, der seinen Bürgern das Verlassen des Landes ohne behördliche Genehmigung verbietet. Die Bürger, die sich dennoch an einer Republikflucht versuchen, sind laut Gesetz vom Grenzschutz zu stoppen, notfalls durch gezielte Schüsse. Es wäre ein Bruch geltenden Rechts, einen Republikflüchtigen nicht zu stoppen, nicht zu schießen, und es wäre vollends auf eine skandalöse Weise rechtswidrig, die Grenzen zu öffnen (ohne das entsprechende Gesetz vorher zu ändern jedenfalls). Offensichtlich kann das geltende Gesetz nicht mit Recht als moralischem Maßstab des Erlaubten gleichgesetzt werden. Nun werden Gesetze in der fiktiven Deutschen Demokratischen Republik ihrem Namen entgegen nicht in nach rechtsstaatlicher Auffassung gültiger Weise durch ein geheim gewähltes Parlament verabschiedet. Haben Gesetze, die von einem Parlament in pluralistischer Parteiendemokratie verabschiedet werden, einen höheren Geltungswert? Wenn die Opposition gegen Angela Merkel oder sonst eine demokratische Regierung in der Welt diese Frage positiv beantwortet, steht sie kaum besser da. Denn dann wäre der – (mit der Zustimmung einer Mehrheit der Wählenden) – im Amte befindlichen Regierung allenfalls vorzuwerfen, dass sie die Gesetze nicht vorab dem Handeln anglich. — *»Wenn wir brüderlich uns einen, schlagen wir ...«*

33

Darüber hinaus ist jene Vorstellung, dass die Entscheidung der Mehrheit tatsächlich nicht bloß Gesetze verabschieden, sondern auch Recht setzen könne, ziemlich haltlos. Denken wir uns einen anderen fiktiven Staat, die Deutsch-Islamische Republik. In ihr habe eine Mehrheit der Wählenden entschieden, dass es durchaus legitim sei, die Tochter zu töten, um die Familienehre wiederherzustellen, wenn sie sich eines religiös unerlaubten Geschlechtsaktes schuldig gemacht hat. Das also wäre geltendes Gesetz, aber sollte es auch Recht genannt werden dürfen? — *¡Einigkeit! & ¿Recht? & ¿Freiheit?*

34

Scharf unterscheiden muss man zwischen Gesetz und Recht. Gesetze sind Regeln, die der Staat sich und seinen Bürgern auferlegt; je nach seiner Struktur kommen solcherart Regeln durch auto-kratische oder demo-kratische Entscheidungsverfahren zustande. Wer Gesetze mit dem Recht gleichsetzt, könnte keinem Staat jemals vorwerfen, Unrecht zu begehen (ausgenommen, es lässt sich nachweisen, dass er gegen die von ihm selbst erlassenen Regeln verstoßen habe). Vielmehr muss Recht als etwas angesehen werden, das *außerhalb* der Verfügbarkeit irgendwelcher willkürlichen Entscheidungen liegt, egal ob diese Entscheidungen auf auto-kratische oder demo-kratische Weise zustande kommen. — *Legal, …*

35

Wie fatal eine oppositionelle Strategie ist, welche die Herrschenden an den Maßstäben ihrer eigenen Regeln misst und auf strikte Einhaltung dieser Regeln beharrt, ist an der Geschichte der Neuen Linken gut abzulesen. Der Staat wurde zwar zunächst als repressiv gesehen und man focht dafür, staats-freie Räume der Entfaltung von Selbstbestimmung kreieren zu dürfen. Aber das Mittel der Wahl war allzu oft die Orientierung daran, vom Staat die Anpassung an seine demokratischen Strukturen zu fordern. Ein gängiger linker Spruch lautete, man dürfe in dieser Frage nicht formalistisch sein: Fortschrittlichen Gesetzen müsse man zum Durchbruch verhelfen, reaktionäre Gesetze dagegen dürften missachtet werden. Diese inkonsistente Strategie ist, wie gesagt, höchst fatal, weil sie letztlich den Staat immer stärkt und die Fehler immer im »illegalen« Handeln von Personen sieht: Die Personen, die gegen ein Gesetz verstoßen haben, sollen diszipliniert oder ersetzt werden, auch wenn sie formell an der Spitze des Staats stehen, die Struktur des Staats als dem Organ der Repression bleibt unangetastet und wird womöglich gar ausgebaut. Wenn es ein zentraler Punkt in der Kritik an Merkel (oder wem auch immer) ist, dass sie gegen ein Gesetz verstoßen habe, ist damit *jedes* Gesetz legitimiert. Auch das, das uns zur Steuerzahlung zwingt. Auch das, das den Mindestlohn bestimmt. Auch das, das die Schwarzarbeit verbietet. Auch das, das den Anbau von Cannabis kriminalisiert.

»An die Gesetze halten« heißt: Mindestlohn einhalten, brav Steuern zahlen, kein Cannabis anbauen. — ... *illegal, ...*

36

Ganz anders nimmt sich die Sache aus, insofern wir unter einem »Rechtsstaat« nicht etwa die unbedingte Forderung danach verstehen, sich an die staatlichen Gesetze zu halten: Rechtsstaat sei der Staat, der sich an das unbedingte außerstaatliche Recht bindet. Dann stellen Mindestlohn, Steuern, Verbot von Cannabisanbau etc. den Rechtsbruch dar. Doch in diesem Falle sagt die Argumentation, bei der Flüchtlingskrise habe Angela Merkel das »Recht« (im Sinne der staatlichen Regeln, nicht einmal der nationalen Gesetze, sondern der von der EU erlassenen, denen die Merkel-Kritiker sonst meist eher kritisch gegenüberstehen) gebrochen, für sich genommen noch nichts aus: Es käme darauf an nachzuweisen, dass sie gegen das Recht verstoßen habe. Sicherlich wäre das nachweisbar, solch ein Nachweis ist jedoch überhaupt nicht gerichtsgängig und lange nicht so spektakulär wie die Erstattung einer Strafanzeige. Und was ihr an Missachtung des Rechts nachzuweisen ist, hat nur wenig mit der Flüchtlingskrise zu tun. Denn da alle Grenzen willkürliche Setzungen der staatlichen Gewalt sind, können sie niemals das Recht repräsentieren. Etwas hat das Handeln der Regierung allerdings schon mit der Missachtung des Rechts zu tun, zwar nicht das Hereinlassen der Flüchtlinge ist eine solche, wohl aber die Tatsache, die Flüchtlinge zu Objekten staatlicher Verwaltung zu machen. — *WIR rockt das.*

37

Das Auseinanderfallen des Nicht-Diskurses in zwei Parteien mit jeweils eigener strikter *political correctness*, die eine, bei der Verbrechen im Namen des Islam nicht benannt werden dürfen, die andere, bei der man nicht erwähnen sollte, dass die Mehrheit der Muslime keine Terroristen sind, betrübt mich. Es ist eine Kapitulation vor dem Druck der Gleichschaltung. Darum ist die gegenwärtige Lage so gefährlich, weil sie dazu treibt, dass es keinen Träger liberaler Haltung mehr gibt: Die »Gutmenschen« fordern eine Zensur von »Hassposts«, die »Dunkeldeutschen« hingegen fordern martialische Grenzen, rabiate Abschiebungen von Flüchtlingen und Verbot von Burka & Co., die islamistischen Zuwanderer fordern Einhaltung muslimischer Regeln. Da gibt es niemanden mehr, der für Selbstbestimmung und Selbstverantwortung eintritt. — ... *nicht* scheißegal.

38

In seiner Autobiographie, den *»Memoiren eines überflüssigen Mannes«* erzählt Albert Jay Nock die folgende Geschichte: Einer der Mitschüler hatte die Angewohnheit, unter seiner Kleidung lebendige Schlangen am Leib zu tragen und erschien so auch im Unterricht. Da er seine Schlangen unter Kontrolle hatte, fiel das den Lehrern nicht auf. Klassenkameraden petzten dies dem Direktor. Im ersten Moment entfuhr dem Direktor: »Abscheulich!« (*»What an extraordinary taste! I can't imagine such a thing, most revolting! – abominable!«*) Ein paar Sekunden später jedoch sagte er: »Das ist ausschließlich seine Privatangelegenheit. Soll er sie haben.« (*»However, I can't see but that he is within his rights, and he shall have [the snakes].«*)[030] Nock erinnert sich, 1943, zwei Jahre vor seinem Tod, wie stark ihn diese Antwort beeindruckt und ihm die Haltung der Toleranz (*»the spirit of justice«*) deutlich gemacht habe.

030 Albert Jay Nock, *Memoirs of a Superfluous Man* (1943), Lanham 1983, S. 77f. Der Titel ist eine Anspielung auf Iwan S. Turgenews *»Tagebuch eines überflüssigen Mannes«* von 1849.

Albert Jay Nock war der große Kopf der us-amerikanischen Alten Rechten. Noch heute wird er von Konservativen in den USA bisweilen als wichtige Inspiration genannt. Perfekt verkörperte er den us-amerikanischen »Gentleman«. In politischer Hinsicht bezeichnete er sich als »Anarchist«. 1935 veröffentlichte er einen kleinen Text mit weitreichenden Nachwirkungen: »*Our Enemy, the State*«, unser Feind, der Staat. Die der klassischen liberalen Tradition entgegenstehende These (die Nock von Franz Oppenheimer übernahm),[031] die Regierung erwachse *nicht* aus einem Konsens »der Bevölkerung«, sondern aus einem Akt gewaltsamer Eroberung, etablierte in der us-amerikanischen politische Theorie erstmals einen kritischen Begriff vom »Staat« (statt »Regierung«). Damit bereitete Nock die Entstehung des modernen Libertarismus und gar des Anarchokapitalismus vor. — *Für den moralinfreien AnCap-Gentleman.*

Von einem europäischen Standpunkt aus passte das alles nicht zusammen. »Anarchisten« galten als militante antikapitalistische Kollektivisten. Für die »Konservativen« bedeutete die Treue zum Staat die höchste Tugend. Und »rechts« war man, wenn man die konservativen Werte in

031 Franz Oppenheimer (1864-1943) bezeichnete sich als einen liberalen Sozialisten. In der Schrift »*Der Staat*« (1907) entwickelte er die Theorie, dass der Staat durch Eroberung von sesshaften Bauern durch plündernde Nomaden entstanden sei.
032 Thomas Szasz (1920-2012), us-amerikanischer libertärer Psychiater, der die staatliche Psychiatrie bekämpfte, u. a. in den 1950er Jahren die damals übliche Zwangsbehandlung mit Elektroschocks. Parallel zu Michel Foucault entwickelte er die These, dass Wahnsinn und Geisteskrankheit sowie ihre Ausgrenzung aus der Gesellschaft Akte staatlicher Repression seien. Vgl. Thomas S. Szasz, *Grausames Mitleid: Über die Aussonderung von unerwünschten Menschen* (1994), Frankfurt/M. 1997.

der gleichen Weise radikalisierte und militant vertrat wie »Anarchisten« die linken Werte. Seitdem die europäischen Konservativen realisiert haben, dass sie die Macht nicht mehr besitzen, die Mehrheit nicht mehr hinter sich wissen, sich nicht einmal mehr auf eine »schweigende Mehrheit« berufen können, beginnen sie zu verstehen, dass und inwiefern der Staat auch *ihr* Feind sei.

41

Haltung. — Die Bedingung einer toleranten, konservativen Haltung, deren biografischen Ursprung Nock in seiner Anekdote beschreibt, ist ganz offensichtlich ein starkes Gefühl der Distanz. Ich vermute, dass ein Schuldirektor heute in solch einem Fall den psychologischen Dienst einschalten würde. Man respektiert keine Grenze mehr zum anderen und meint, zu dessen Wohl über ihn verfügen zu dürfen. Der Psychiatriekritiker Thomas Szasz nannte das »grausames Mitleid«:[032] Indem man meint, Anderen helfen zu müssen, erlaubt man sich, die Grenzen von deren Privatsphäre überschreiten und sie zum Objekt von Anpassungsmaßnahmen machen zu sollen. Das Gefühl der Distanz, das der Toleranz vorausgesetzt ist, drückt sich auch im Begriff »*désinvolture*« des frankophilen deutschen Konservativen Ernst Jünger aus. Ernst Jünger[033] ist in gewisser Weise der deutsche Albert Jay

033 Ernst Jünger (1895-1998). – Umstritten und berühmt aufgrund seiner Kriegserinnerungen *In Stahlgewittern* (erstmals 1920; historisch-kritische Ausgabe in zwei Bänden: Stuttgart 2013) und seiner Weigerung nach dem Zweiten Weltkrieg, die demokratische wesentlich von der totalitären Herrschaft zu unterscheiden. Ein »Anarch« tritt erstmals im Roman *Eumeswil* (Stuttgart 1977) auf. Die »désinvolture« bereits in der zweiten Fassung von *Das abenteuerliche Herz* (1938), Sämtliche Werke, Band 9, Stuttgart 1979, S. 260: »Man findet das Wort meist durch ›Ungeniertheit‹ übersetzt; und das trifft insofern zu, als es ein Gebaren bezeichnet, das keine Umschweife kennt. Zugleich aber verbirgt sich in ihm noch ein anderer Sinn, und zwar der der göttergleichen Überlegenheit. In diesem Sinne ver-

Nock: Er bezeichnete sich zwar nicht als »Anarchist«, wohl aber als »Anarch«. Nicht in (politischem) Widerstand, schon gar nicht in proletenhaft kollektiver Zerstörungswut sucht der Anarch Schutz vor den Übergriffen des Staats und des Mobs oder Pöbels, sondern durch Verweigerung der Zusammenarbeit mit dem System.[034a]

42

Allerdings unterliegt der konservative Widerstand, der sich seiner zunehmenden Entfremdung vom Mainstream der gesellschaftlichen Entwicklung inne wird und im Staat nicht mehr den Verbündeten, sondern den Feind erblickt, einer Wandlung, bei der er Elemente der verhassten Linken bewusst oder, wahrscheinlich zum größten Teil, unbewusst übernimmt. Einer der problematischen Aspekte des Jugendaufstands gegen die etablierte, scheinbar konservative westliche Welt der 1960er Jahre bestand in der Missachtung der Privatsphäre. Die sogenannten 1968er – in den USA lagen erste Höhepunkte des Protests allerdings deutlich früher, bereits Anfang der 1960er Jahre – hatten durchaus einen verständlichen Ansatzpunkt, indem sie die Heuchelei und doppelte Moral der bürgerlichen Gesellschaft angriffen. Als

stehe ich unter Désinvolture die Unschuld der Macht.« (In der Ausgabe von 2015 der »Sämtlichen Werke« befindet sich der Essay im Band 11.) Mehr zu Ernst Jünger vgl. unten, S. 123 ff.

034a So auch Goodmans Begriff des Ziehens der Grenze der Kooperation mit dem System – *drawing the line*, in: *The May Pamphlet*, 1945, in: ders., *Drawing the Line Once Again: The Anarchist Writings of ...*, Oakland 2010.

034b John F. Kennedy (1917-1963), von 1961 an Präsident der USA, 1963 ermordet. Aufgrund seiner Ermordung umgibt ihn heute ein Heiligenschein. Allerdings: Er bereitete die Eskalation in Vietnam vor, 1961 unternahm er den schmählich gescheiterten Versuch, auf Cuba zu intervenieren, 1962 setzte er in der Cuba-Krise die Existenz der Menschheit aufs Spiel und er initiierte auch den Ausbau des bevormundenden Wohlfahrtsstaats. »Die Legende vom starken Präsidenten Kennedy hält sich bis heute. Dabei führte JFK ein geheimes Leben, geprägt von schwerer Krankheit und un-

Sinnbild mag hier genügen, darauf hinzuweisen, dass John F. Kennedy hinter der Fassade bürgerlicher Wohlanständigkeit jede Menge Amouren hatte.[034b] Damals schauten im Unterschied zu heute alle weg, eingeschlossen der politische Gegner. — *Doppelmoral schaltet die Moralinsäure ab. Schnell.*

43

Paradoxerweise kann Kennedy im Rückblick als ein Teil der linken Machtergreifung in der westlichen Welt interpretiert werden. Die Hippies sahen's nicht so. Mit dem *»mach deine eigene Sache«* (*ohne dich um die andern zu scheren*) standen sie der klassisch liberalen, von Albert Jay Nock verkörperten Bürgerlichkeit näher, als die meisten von ihnen realisierten. Ihren Vordenkern wie Paul Goodman[034c] war dies durchaus klar und die frühen Protagonisten der libertären Bewegung wie Karl Hess[034d] und Murray Rothbard[034e] knüpften hieran an. Indem Hippies der Neuen Linken nicht nur Stalinisten wie Che Guevara,[034f] sondern sogar den, wenn es überhaupt erlaubt ist, eine Hierarchie des Schreckens aufzustellen, weit schrecklicheren Mao Zedong[034g] verehrten, übten sie jedoch einen Tugendterror aus, der, je mehr politischen Einfluss sie kriegten, um so weitreichender wurde. Mao perfektionierte

gezählten Affären.« Peter DeThier, *Die zwei Leben des John F. Kennedy*, in: Zeit online, am 21.11.2013.

034c Paul Goodman (1911-1972), avantgardistischer Schriftsteller, Anti-Kriegs-Aktivist, Anarchist, Mitbegründer der Gestalttherapie.

034d Karl Hess (1923-1994), Freund und Redenschreiber von Barry Goldwater, prägte 1969 den Begriff *»right-wing anarchism«*, schließlich linksradikaler Dezentralist.

034e Murray Rothbard (1926-1995), »Mr Libertarian«. 1964 mit »Left and Right« Begründung von *libertarianism* und *anarcho-capitalism*.

034f Ernesto »Che« Guevara (1928-1967), 1967 in Bolivien durch den CIA ermordet; von der Ikone des anti-imperialistischen Guerillakampfes zur Ikone aller anti-kapitalistischen Konsumtrottel.

034g Mao Zedong (Mao Tse-tung), 1893-1976, »Großer Vorsitzender« der VR China seit 1949, vermutlich tödlichster Diktator aller Zeiten.

ein System öffentlicher demütigender Selbstkritik bei jedweder Abweichung von der Linie der von ihm bzw. seinen Institutionen aufgestachelten Masse.

44

»Nicht will ich | die Bilder dir stürmen.«[037] *Rückbesinnung auf bourgeoise Tugend.* — In ihrer Außer-Parlamentarischen Opposition gehen die Konservativen heute nicht weit genug zurück. Nichts zu spüren vom *neolithischen* Konservativismus, den der Neue Linke Goodman im Sinn hatte,[035] oder davon, dass der *Paläokonservativismus* seinem Begriff gerecht wird.[036] Gegen das zunehmende Eindringen von Staat und öffentlicher Meinung in den Privatbereich wird nicht das Zurückdrängen gesetzt, vielmehr ein Eingreifen mit anderen Vorzeichen. Im Angesicht des politischen Gegners wird nicht argumentiert, sondern moralisiert, sich empört und oftmals derb oder schon obszön gepöbelt. Besonders entsetzt bin ich, wenn gar die Physiognomie von Personen, deren Auffassungen man nicht teilt, zum Gegenstand von vulgärem Hohn und Spott gemacht wird. Dagegen wünsche ich mir ein Wiederaufleben einer der zentralen bourgeoisen Tugenden, der Jüngerschen *»désinvolture«* und der Haltung des us-amerikanischen Gentlemans Albert Jay Nock.

035 Paul Goodman, *New Reformation: Notes of a Neolithic Conservative*, New York 1970.

036 »Paleo-conservatism« ist ein in den 1980er Jahren geprägter Begriff, der an die Tradition der us-amerikanischen »Old Right« anknüpfen soll mit den Idealen der Jeffersonschen Republik: Minimalstaat, Freihandel, isolationistische Außenpolitik (im Gegensatz zu dem religiös orientierten *neo-conservatism*, der u. a. eine interventionistische Außenpolitik verfolgt). Weit weniger appetitlich ist ein gewisser Antisemitismus, der unter den »*paleos*« verbreitet ist.

037 Friedrich Hölderlin 1804, zit. n. Frankfurter Ausgabe, *Gesänge*, Frankfurt/M. 2000, S. 808.

II
Gleichschaltung: Demokratie ohne Opposition
FRAGMENTE ZUR SELBSTINTEGRATION

45

Als Thomas Jefferson 1787 schrieb, »müsste ich mich entscheiden zwischen einer Regierung ohne Zeitungen oder
Zeitungen ohne Regierung, so würde ich ohne zu zögern für
das Letztere votieren«,[038a] ging er selbstverständlich davon
aus, dass die Zeitungen die Opposition artikulieren und sich
nicht etwa gleichgeschaltet haben. Wie Gleichschaltung in
einer Diktatur funktioniert, scheint unmittelbar klar: durch
Repression. Oder doch nicht? Warum fügen sich alle? Aber
wie funktioniert die Gleichschaltung in einer pluralistischen
Parteiendemokratie? — *Lügenpresse, wo ist dein Stachel?*

46

Dass es Gleichschaltung gibt, wird allgemein diagnostiziert.
Der notorisch nervöse Querkopf Peter Sloterdijk verstörte
die Machtelite und ihren moralischen Konsens der *political
correctness* mit der folgenden Diagnose: »Ob einer sich zur
Sozialdemokratie bekennt oder nicht, spielt schon längst
keine Rolle mehr, weil es Nicht-Sozialdemokraten bei uns
gar nicht geben kann, die Gesellschaft ist *per se* strukturell
sozialdemokratisch, und wer es nicht ist, der ist entweder im
Irrenhaus oder im Ausland. Es gibt keine ernsthafte Alternative dazu.«[038b] — *Zynik der vernünftigen Kritik.*

038a Brief an Colonel Edward Carrington am 16. 01. 1787.
038b Peter Sloterdijk. Alle Recherche für die Quelle dieses Zitats führt zu-

Diese Diagnose ist alles andere als neu – was nicht heißen soll, dass es unwichtig wäre, sie erneut und stets wieder aufs Tapet zu bringen. Der Vordenker der Neuen Linken in den USA während deren anti-autoritär anarchistischen Phase, Paul Goodman, sprach 1962 angesichts der Regierung John F. Kennedys vom »Niedergang der Demokratie« durch den »Faschismus der Mehrheit« (»*fascism of the majority*«).[039] Sein Nachfolger in der Zeit, als die Neue Linke in den USA sich vom Jefferson'schen Ideal der Selbstverwaltung ab- und dem Marxismus[040] zuwandte, Herbert Marcuse, beklagte 1964 ganz ähnlich »die Paralyse der Kritik« und sah »eine Gesellschaft ohne Opposition« heraufziehen.[041] Aber nicht anders hieß es 1965 bei der im Koordinatensystem der us-amerikanischen Politik »rechten« oder »konservativen« Ayn Rand, der »neue Faschismus« zeichne sich durch eine Regierung des Konsenses aus (»*The New Fascism: Rule By Consensus*«).[042] — ... *¿new? fascism = majority, consensus ...*

Anhand von historischen und aktuellen Beispielen gehe ich der Frage nach, *wie* Gleichschaltung in einer pluralistischen Parteiendemokratie funktioniert, und beginne im Anfang des 19. Jahrhunderts mit Wilhelm von Humboldt. In seinen

rück auf Thomas Wolf, *Was darf man in Deutschland sagen – und was nicht?*, in: Focus Money, online, ohne Datum.
039 Paul Goodman, *The Devolution of Democracy*, in: ders., *Drawing the Line*, New York 1962, S. 77. Von »Mehrheit« kann übrigens keine Rede sein. Obama beispielsweise wurde von weniger als einem Viertel der hierzu berechtigten Bevölkerung gewählt.
040 Ob der Etatismus des Marxismus sich wirklich auf Karl Marx berufen darf, ist die Frage. Vgl. Stefan Blankertz, *Mit Marx gegen Marx*, Berlin 2014 (edition g. 111).
041 Herbert Marcuse, *Der eindimensionale Mensch* (1964), Neuwied 1977, S. 11.

»Ideen zu einem Versuch, die Gränzen der Wirksamkeit des Staates zu bestimmen« lehnte er 1792 jede Einmischung des Staats in Fragen der Bildung und Erziehung strikt ab.[043] 1809 wurde Humboldt zum Kultus- und Bildungsminister berufen – eine Berufung, der er nur widerstrebend folgte. Nach kaum einem Jahr trat er zurück, hatte aber in dieser kurzen Frist eine weitreichende Wirkung erzielt: Er prägte das preußische und später das deutsche Bildungswesen und sein Einfluss strahlte auch in viele andere Länder. Was er uns hinterließ, war ein durch den Staat einheitlich organisiertes Bildungswesen von der Elementarschule bis zur Universität, mit einheitlichem Lehr- und Prüfungsplan, ja mit einheitlicher Unterrichtsmethode. Für die Elementarschule wählte er kurioserweise eine mechanische Methode, die er wenige Jahre vorher noch als öd bezeichnet hatte.[044] Warum tat er das? Ein Sinneswandel? Nur zum Teil. Humboldt hatte eine klare Vorstellung, was Bildung sei, nämlich eine allgemeine Menschenbildung, die keinerlei – materiellen – Zwecken dienen dürfe.[045] Was er vorfand, war ein Gemisch aus kirchlichen, handwerklichen, staatlichen, privatwirtschaftlichen und philanthropischen Schulen und Initiativen, die jeweils ganz bestimmten Zwecken dienten, nämlich der beruflichen Qualifikation, der religiösen Unterweisung oder der Vermittlung von Werten, vor allem den sogenannten Sekundär-

042 Ayn Rand, *The New Fascism: Rule By Consensus*, in: dies., *Capitalism: The Unknown Ideal* (1965), New York 1967, S. 202 ff. Neu? Eher nicht. Alt.
043 Wilhelm v. Humboldt, *Ideen zu einem Versuch, die Gränzen der Wirksamkeit des Staates zu bestimmen* (1772), in: Werke in fünf Bänden, Band 1, Stuttgart 1980, S. 109: »Oeffentliche Erziehung scheint mir [...] ganz ausserhalb der Schranken zu liegen, in welchem der Staat seine Wirksamkeit halten muss.«
044 Vgl. Stefan Blankertz, *Pädagogik mit beschränkter Haftung: Kritische Schultheorie*, Berlin ²2015, S. 13 ff.
045 Dies sollten sich all jene hinter die Ohren schreiben, die heute den – angeblichen – Mangel an Allgemeinbildung als Grund für gesellschaftliche

43

tugenden.[046] Dies missfiel ihm. Im Besitze administrativer Macht setzte er *das* durch, was ihm das einzig humane sowie liberale Ideal in der Bildung sein zu können schien.

49

Stell' dir vor, die Pazifisten haben zu den Waffen gerufen. — Als aktuelles Beispiel möchte ich kurz Joschka Fischer dazwischen schieben.[047] Als Außenminister im Kabinett von Gerhard Schröder transformierte er die Grünen, deren Ökobegriff zunächst dezentralistisch war, teils gar direkt staatsskeptisch und auf jeden Fall anti-militaristisch, zu dem Staat dienenden Bellizisten. Noch 1982 hatte der SPD-Politiker Holger Börner bedauert, nicht Hand anlegen zu dürfen, den Grünen selbst eins »in die Fresse zu hauen« und die Sache wie weiland auf'm Bau »mit der Dachlatte« zu erledigen.[048] Dies hielt die Grünen jedoch nicht auf. In der Politik wird das nicht mit der Dachlatte erledigt, sondern indem man der entsprechenden Person Amtsgewalt zuspricht, sie ausstattet mit Macht. — *»Der kürzeste Weg, um einen Radikalen in einen Konservativen, einen Liberalen in einen Tyrannen, einen Menschen in ein Tier zu verwandeln, ist, ihm Gewalt über die Mitmenschen zu geben.«*[049a]

oder wirtschaftliche Probleme ansehen und dabei auf Humboldt meinen sich beziehen zu sollen. Dass in Deutschland dann neben den Gymnasien es auch Haupt- und Realschulen gibt, lag nicht im Plan Humboldts. Seine Vorstellungen konnten nur nicht sich völlig durchsetzen.

046 Es ist umstritten, wie hoch der Alphabetisierungsgrad vor Einführung der öffentlichen, womöglich kostenlosen (Pflicht-) Schule in Preußen lag. Das sog. Klippschulwesen ist nicht erforscht. Für England und die USA steht aber fest, dass eine fast 100 %ige Alphabetisierung der industriellen Zentren bereits in der 1. Hälfte des 19. Jahrhunderts erreicht war. Vgl. hierzu E. G. West, *Education and the Industrial Revolution*, London 1975.

047 Joschka Fischer, *1948, studentischer Straßenkämpfer und bis 1975 Mitglied im »Revolutionären Kampf«, 1982 Eintritt in die Partei »Die Grünen«, konstituierte dort den »realpolitischen« Flügel (»Realos«), 1985-87 erster »grüner« Minister (Ressort »Umwelt und Energie« in

Dies ist auch die Lehre, die wir aus dem Wirken Otto von Bismarcks ziehen können.[049b] Bismarck verliert die beiden Kämpfe gegen jene sozialen Kräfte, die er besiegen will, den konservativen Katholizismus (im sogenannten »Kulturkampf«) und die progressive Sozialdemokratie (mit den sogenannten »Sozialistengesetzen«). Aber er gewinnt doch, nämlich durch eine Integration: So sind die konfessionellen Schulen scheinprivate Staatsschulen, und als solche unterliegen sie staatlichen Vorgaben. Die Sozialgesetzgebung und die Einführung korporatistischer Berufsgenossenschaften, die die sozialdemokratischen Gewerkschaften zunächst ablehnten, verwandelt die Sozialdemokratie der »vaterlandslosen Gesellen« schlussendlich in die staats-tragende Kraft schlechthin (*cf.* Peter Sloterdijk). — *Wer hat uns verraten …*

Der »Kulturkampf« gegen den Einfluss der katholischen Kirche währte von 1871 bis 1878.[050] Dass es sich keineswegs um eine Lappalie handelte, zeigen zwei Zahlen: Im Verlaufe des Konflikts kamen 1 800 katholische Pfarrer ins Gefängnis und Kircheneigentum im Wert von 16 Millionen Goldmark

Hessen), 1998-2005 Außenminister und Vizekanzler unter der Regierung Gerhard Schröders. In diese Zeit fiel der erste Auslandseinsatz der Bundeswehr im Kosovokrieg. Nach dem Ausscheiden aus der Regierung Beratertätigkeit u. a. für die Energieversorger RWE und OMV, sowie für BMW.
048 Interview in der »Bunten«, 18. 05. 1982. Autorisierter, nach meiner Kenntnis nie widerrufener Text.
049a Benjamin Tucker (1854-1939), in: Liberty, Vol. 1, Nr. 3, 03. 09. 1881.
049b Otto v. Bismarck (1815-1898), ab 1860 Ministerpräsident Preußens, 1871 bis 1890 erster Kanzler des deutschen Reichs.
050 Die deutschen Lutheraner standen (ganz im Gegensatz zu den angelsächsischen Puritanern) von Anfang an in engem Bündnis mit der weltlichen Macht. Im Bauernkrieg entschied Luther sich für die machtpolitisch richtige, die siegreiche Seite. Und die Menschheit hat ihm den Friedensgrundsatz zu verdanken, dass das Volk glauben muss, was der Fürst glaubt.

wurde enteignet. Die katholische Partei, das »Zentrum«, erhielt während des Kulturkampfes aber gar mehr Wählerzulauf als je zuvor. Mit Tarnorganisationen wie Schützenvereinen verstand der Katholizismus es, sich weiter gesellschaftlich zu betätigen. Bismarck beendete den Kulturkampf, um ein anderes Projekt in Szene zu setzen, das ebenfalls kläglich scheiterte: Das Sozialistengesetz. Hierfür aber benötigte er im Reichstag die Zustimmung des politischen Katholizismus. — *Die rechte und die linke Hand des Teufels.*

52

Der politische Katholizismus steht, wohlgemerkt, nicht für die Freiheit gegen den Staat, sondern für eine andere Ausrichtung der Staatsgewalt. Ende 1864 veröffentlicht Papst Pius IX[051] eine Liste von 80 Thesen, die er mit *falsch!* brandmarkt, den »*Syllabus errorum*«.[052] Mit diesem »Verzeichnis der Irrtümer« wird der Kulturkampf eröffnet. Etwa zählen zu den verurteilten Thesen: »[15.] Es steht jedem Menschen frei, jene Religion anzunehmen und zu bekennen, welche er, durch das Licht der Vernunft geführt, für wahr hält. [Auch abgelehnt werden die Thesen:] [77.] In unserer Zeit ist es nicht mehr nützlich, dass die katholische Religion unter Aus-

051 Giovanni Maria Mastai-Ferretti (1792-1878), als »Pius IX« Papst ab 1846, das längste Pontifikat in der Geschichte der katholischen Kirche. In seine Zeit fällt das Unfehlbarkeitsdogma, das den liberalen katholischen Historiker Lord Acton 1870 veranlasste, die Ablehnung in den berühmten Satz zu fassen, Macht korrumpiere und absolute Macht korrumpiere absolut, dokumentiert in: Lord Acton, *Historical Essays and Studies*, London 1907, S. 504.
052 www.domus-ecclesiae.de/magisterium/syllabus-errorum.teutonice
053 Besondere Brisanz hat es, wenn der Tradition katholischer Theologie direkt ins Gesicht geschlagen wird, etwa durch die Ablehnung folgender These: »[3.] Die menschliche Vernunft ist, ohne dass wir sie irgendwie auf Gott beziehen müssten, der einzige Richter über Wahrheit und Falsches, über Gut und Böse. Sie ist sich selbst Gesetz und mit ihrer natürlichen Kraft ausreichend, um das Wohl der Menschen und Völker zu sichern.« Dagegen

schluss aller anderen Kulte als einzige Staatsreligion gelte. [78.] Es ist daher zu loben, dass in gewissen katholischen Ländern gesetzlich verordnet ist, dass den Einwanderern die öffentliche Ausübung ihres Kultes [...] gestattet sein solle.«[053]

53

»Sozialistengesetz« ist die Kurzbezeichnung für das »Gesetz gegen die gemeingefährlichen Bestrebungen der Sozialdemokratie«, das im Herbst 1878 vom Reichstag des Deutschen Kaiserreichs verabschiedet wird. Am 22. Oktober 1878 tritt es in Kraft. Daran, dass es gescheitert ist, besteht kein Zweifel. In der letzten Wahl zum deutschen Reichstag vor Verabschiedung des Gesetzes hatte die SPD kaum zehn Prozent der Stimmen erhalten, in der ersten Wahl nach der Aufhebung des Gesetzes 1893 kam die SPD dann auf fast ein Viertel der Stimmen. — *Er wäre ja abgekackt, der Staat, aber*

54

mit'm Staatssozialismus den Herrschenden ihren Arsch retten. — Bismarck hätte demnach auf der ganzen Linie verloren, hätte er nicht jenes eingeführt, was er zeitweise sogar selber als Staatssozialismus bezeichnete.[054] Ihm schwebte eine ge-

hielt der Kirchenlehrer Thomas v. Aquin es für ausgemacht: »Wir wissen, was Gott im Allgemeinen will: nämlich das Gute. Wer mit guten Gründen will, hat demnach seinen Willen in Übereinstimmung mit Gott. Aber was Gott im Einzelnen will, wissen wir nicht. Darum brauchen wir in diesem Bereich auch nicht zu versuchen, unseren Willen dem Willen Gottes konform gehen zu lassen« (*Summa theologica*, I-II, 19-10-1). »Es ist also zu sagen, dass einfachhin jeder Wille, der von der Vernunft abweicht, ob nun im Recht oder im Irrtum, immer schlecht ist. Wenn eine im Irrtum befangene Vernunft etwas als Vorschrift Gottes vorstellt, so bedeutet, den Spruch der Vernunft zurückzuweisen, dasselbe wie die Vorschrift Gottes zurückzuweisen« (*Summa theologica*, I-II, 19-5). Vgl. Stefan Blankertz, *Thomas von Aquin: Die Nahrung der Seele* (2013), Berlin 2015 (edition g. 106).
054 Vgl. Wilhelm Müller, *Politische Geschichte der Gegenwart*, XVIII: Das Jahr 1884, Berlin 1885, S. 29. Zitat Bismarck: »Wer den Staatsozialismus als

setzliche Rundummversorgung aus Renten-, Arbeitslosen-, Kranken- und Unfallversicherung vor, und ging, soweit er es durchsetzen konnte, die ersten Schritte in diese Richtung. Die sozialdemokratischen Gewerkschaften, die keiner anarchistischen Tendenz verdächtig waren, opponierten gegen die Strategie von Bismarck, denn ganz realistisch sahen sie, dass den Arbeitern damit die Selbstverwaltung ihrer eigenen Versicherungs- und Genossenschaftsfonds verloren gehen würde.[055] Für einen sehr kurzen Augenblick realisierten sie intuitiv vor-theoretisch, was später erst Milton Friedman auf seinen Begriff brachte: Gegen ein anscheinend kostenloses, also aus Steuergeldern finanziertes Angebot kann man nicht anstinken.[056] — *There Ain't No Such Thing As A Free Lunch.*

55

In die Zeit von Bismarcks Kanzlerschaft fällt übrigens auch ein interessantes und bezeichnendes Detail der Geschichte des durch Humboldt geprägten Schulwesens. Humboldt hatte sich ein Fenster für eine mögliche Entstaatlichung gelassen. Die Schulen waren zwar staatlich, mussten sich jedoch durch Schulgeld selber finanzieren. Darin sah Humboldt eine Vorübung für die von ihm angestrebte, in der ungewissen Zukunft liegende gänzliche Rückgabe der Bildung

solchen vollständig verwirft, muss auch die Stein-Hardenberg'sche Gesetzgebung verwerfen, der muss überhaupt dem Staate das Recht absprechen, da, wo sich Gesetz und Recht zu einer Kette und zu einem Zwang, der unsere freie Atmung hindert, verbindet, mit dem Messer des Operateurs einzuschneiden und neue und gesunde Zustände herzustellen.«
055 Walter Euchner u. a., *Die Geschichte der sozialen Ideen in Deutschland,* Wiesbaden 2005: »Ähnlich [wie der liberale ›Freisinn‹] argumentierten die Gewerkschaften, denn auch diese hatten z. T. in der Tradition der Bornschen ›Arbeiterverbrüderung‹ freie Kassen zur Kranken- und Arbeitslosenversicherung aufgebaut, die sie unabhängig von Staats- und Unternehmereinfluss verwalteten und die nunmehr durch die gesetzliche Zwangsversicherung unterminiert und behindert wurden.« (S. 196. Zit. aus einem

»in die Hände der Nation«,[057] wie er sich ausdrückte. Die Folge der Eigenfinanzierung der Schulen bestand darin, dass sie allen zahlenden Kunden offen standen, also nicht sozial selektierten. Dies aber war den Konservativen um Bismarck ein Dorn im Auge, und sie führten die Schulgeldfreiheit ein, ein Begriff, der widersinniger nicht sein kann. Der Direktor eines Gymnasiums sagte 1890, d. h. *nach* der Einführung der Schulgeldfreiheit rückblickend: »Ich habe es in den letzten Jahren« (er meint: *nach* Einführung staatlicher Finanzierung der Schule) »erreicht, dass die Schülerkategorien [*sic*], die in das Gymnasium eingetreten sind, sich wesentlich verändert haben. Früher« (er meint: *vor* Einführung der staatlichen Finanzierung der Schule) »nahm ich bei der Anmeldung alles, was kam, zur Prüfung an. Da ich an einer städtischen Anstalt wirkte und das Kuratorium sagte: ›Wir müssen Schüler haben, das Schulgeld muss herausgebracht werden‹, so blieb mir nicht viel anderes übrig.«[058] Das heißt, entgegen der heutigen »sozialdemokratischen« Lehrbuchweisheit, Schulgeldfreiheit stelle eine – hart erkämpfte – Errungenschaft für die breite Masse dar, war sie das Instrument, um die Schule als Mittel der sozialen Selektion zu etablieren. Diese vermag die Staatsschule so *cool* zu erfüllen wie keine andere Funktion. — *»Pädagogik mit beschränkter Haftung.«*

Beitrag von Walter Euchner.) – Zur umfassenden Theorie der Ausdehnung des Staats, indem er soziale Funktionen »okkupiert«, vgl. Stefan Blankertz, *Das libertäre Manifest: Zur Neubestimmung der Klassentheorie* (2001/2012), Berlin 2015.

056 Am Beispiel öffentlicher Schule: Milton Friedman, *Die Rolle des Staats in dem Erziehungswesen* (1955), in: ders., *Kapitalismus und Freiheit* (1962), Frankfurt/M. 2002.

057 Wilhelm von Humboldt in: Gesammelte Schriften, Nachträge, Bd XII, hg. durch die »Preußische Akademie der Wissenschaften«, Berlin 1920: »Schreiben an den Geheimen Staats-Minister Dohna vom 19, 05. 1809 zu Königsberg«, S. 219.

058 Zit. n. Herwig Blankertz, *Geschichte der Pädagogik*, Wetzlar 1982, S. 125.

Mit Bismarck also begann der Sozialstaat. — Als der Sozialstaat seinen größten Wachstumsschub erhielt, in den 1960er Jahren, damals meist noch unter dem Namen »Wohlfahrtsstaat«, da galt es, eine Rebellion von gutsituierten Jugendlichen aus der Bourgeoisie zu absorbieren. Diese Rebellen wandten sich vor allem gegen staatliche Bevormundung und gegen Krieg; sie waren bereit, sich außerhalb und gegen den traditionellen Staatsapparat zu organisieren und ggf. Steuerzahlungen zu verweigern. Solch eine Rebellion gebändigt und integriert zu haben, ist eine (negative) »Leistung« des Staats demokratischen Typs. Aus dem *street worker* wurde der Sozialarbeiter, den anti-autoritären Aussteiger machte man zum Unterrichtsbeamten. Heute predigen diese Leute bzw. ihre Kinder und Enkel, niemand vermöge es, ohne staatliches Geld, ohne staatliche Institutionen etwas für die Armen, den Frieden sowie ein produktives Zusammenleben der Religionen und der Rassen zu unternehmen.

57

Die Kritik der heute sogenannten 1968er[059] hingegen zielte auf staatsunabhängige Alternativen. Im Focus ihrer Kritik stand besonders eine Struktur, die Menschen zu Abhängigen

059 1968 ist besonders bezogen auf den Mai in Paris ein symbolträchtiges Jahr. In den USA gab es bereits massive Proteste Anfang der 1960er Jahre, etwa das »Free Speech Movement« in Berkeley 1964, Proteste, die deutlicher als später unter einer radikal freiheitlichen Motivation standen. Vgl. Paul Goodman, *Die schwarze Fahne des Anarchismus* (1968), in: ders., *Einmischung*, hg. v. Stefan Blankertz, Bergisch Gladbach 2011.
060 »Unter der konservativen Volksbasis befindet sich jedoch das Substrat der Geächteten und Außenseiter – die Ausgebeuteten und die Verfolgten anderer Rassen und anderer Farben, die Arbeitslosen und Arbeitsunfähigen. Sie existieren außerhalb des demokratischen Prozesses; ihr Leben bedarf am unmittelbarsten und realsten der Abschaffung unerträglicher Verhältnisse und Institutionen. Damit ist ihre Opposition revolutionär, wenn

macht. Herbert Marcuse sah die Randgruppen als außerhalb des Systems stehend.[060] Und so verorteten sich diejenigen, die für die Belange der Randgruppen eintraten, auch *außerhalb*. *Outside of society, they're waitin' for me. Outside of society, that's where I want to be.*[061] Obwohl sie primär als anti-kapitalistisch sich verstanden, war das System, das sie bekämpften, das staatliche System. Weil sie ihre Kritik anti-kapitalistisch formulierten – (ausdrücklich forderte Marcuse, den Kräften, die eine Ausweitung des öffentlichen sozialen Sektors bekämpften, Toleranz und Meinungsfreiheit zu entziehen)[062] – war es aber dem Staat ein Leichtes, dieses Protestpotenzial einzukaufen: Aus dem *street worker* wurde, wie gesagt, nun ein Sozialarbeiter. Indem der Staat die Rebellen, die für die Interessen der Randgruppen sich einsetzen, zu deren staatlich bezahlten und kontrollierbaren Betreuern macht, legt er beide Quellen des Widerstands lahm.

<h2 style="text-align:center">58</h2>

Verloren gegangen ist auf dem Weg dieser Entwicklung die kritische Frage, warum es die gut Ausgebildeten, die im Schnitt Besserverdienenden, zum Teil die Spitzenverdiener, die mächtigen Politiker der Welt, die Obamas und Clintons sind, die den Sozialstaat so erbittert verteidigen, die ihn auf-

auch nicht ihr Bewusstsein. Ihre Opposition trifft das System von außen und wird deshalb nicht durch das System abgelenkt; sie ist eine elementare Kraft, die die Regeln des Spiels verletzt und es als aufgetakeltes Spiel enthüllt.« *Der eindimensionale Mensch* (1964), Neuwied 1977, S. 267.
061 »*Rock N Roll Nigger*«, Patti Smith 1978.
062 »Gruppen und Bewegungen« sollten »die Rede- und Versammlungsfreiheit entzogen« werden, die »eine aggressive Politik, Aufrüstung, Chauvinismus und Diskriminierung aus rassischen und religiösen Gründen befürworten oder der Ausweitung öffentlicher Dienste, sozialer Sicherheit, medizinischer Fürsorge usw. sich widersetzen.« Herbert Marcuse, *Repressive Toleranz*, in: Robert P. Wolff, Barrington Moore, Herbert Marcuse, *Kritik der reinen Toleranz*, Frankfurt/M. 1965, S. 111f. Zur Neu-

gebaut haben und die ihn ausbauen. Sind die Mächtigen und Reichen dieser Welt ehrlich und altruistisch besorgt um das Wohlergehen der Armen, sorgen sie sich etwa um »soziale Gerechtigkeit« und »sozialen Ausgleich«? Wenn etwas dran sein sollte an der Erkenntnis, dass es das gesellschaftliche Sein sei,[063] das zumeist das Bewusstsein bestimme, sind Zweifel angebracht. Und wenn etwas dran ist an der soziologischen Beobachtung, dass mächtig und reich nicht der wird, der freigiebig, selbstlos und altruistisch gibt, sind Zweifel angebracht. Mehr noch: Die Mächtigen & Reichen, die den Armen helfen wollten, könnten das sicher zu Wege bringen ohne die Institutionen des Staats, also ohne das Geld Anderer zwangsweise zu vereinnahmen und dann angeblich an die Bedürftigen weiterzureichen. — *Herrschende Meinung = Meinung der Herrschenden.*

59

Reprise. — Diese wunderbare Choreografie der Macht ... die sich niemand ausdenken, die niemand planen kann, die vielmehr Ergebnis ihrer eigenen, inneren Logik ist, sehen wir auch wieder gegenwärtig am Werke ...
Also, wie funktioniert die Gleichschaltung in einer pluralistischen Parteiendemokratie? Sie funktioniert, insofern der Staat das Instrument ist, eigene Interessen gewaltsam durchzusetzen. Dieser Mechanismus ist in der Diktatur und in der pluralistischen Parteiendemokratie identisch. Unterschiedlich sind die Regeln des Kampfs der Interessengruppen.

aneignung von Marcuses Begriff der repressiven Toleranz vgl. Stefan Blankertz, *Anarchokapitalismus: Gegen Gewalt*, Berlin 2015, S. 7ff.
063 Selbstredend Marx: »Es ist nicht das Bewusstsein der Menschen, das ihr Sein, sondern umgekehrt ihr gesellschaftliches Sein, das ihr Bewusstsein bestimmt.« Karl Marx, *Zur Kritik der politischen Ökonomie* (1859), MEW 13, S. 9. Wie wäre anders zu erklären, dass die Kapitalisten nicht den Kapitalismus, sondern den Etatismus hofieren und finanzieren?

III
Von der alten zur neuen APO
REPUBLIKFLÜCHTIGE UNERWÜNSCHT

60

In der Debatte um die Flüchtlingskrise wird in Kreisen, die Freiheit und Eigentum verteidigen, gern das Bild von den »gated communities«[064a] bemüht: In einer auf Eigentumsrecht basierenden Gesellschaft legen die Grundeigentümer ihren Boden zusammen und frieden ihn ein. Das Verhältnis zwischen den Grundeigentümern und jenes zu Bewohnern der »gated community«, die keine Eigentümer sind, ist per Vertrag geregelt. Es gibt kein Problem mit Einwanderung, da jede »gated community« ihre vertraglichen Regeln über den möglichen Zuzug von Personen hat, die von außerhalb kommen und in die »gated community« aufgenommen werden wollen. Da solche »gated communities« es nicht gibt, sei das nächstbeste die Vorstellung, dass ein Land, etwa die Bundesrepublik Deutschland, als eine Art von »gated community« betrachtet wird. Und darum sei es die Pflicht von den Politikern, die gleichsam anstelle der Eigentümerversammlung einer »gated community« handeln, dass sie die Grenzen gegen Einwanderung schließen.[064b]

064a Die Übertragung real existierender »*gated* (oder: *convenant*, oder: *residential*) *communities*« ins libertäre Ideal des Anarchokapitalismus geht zurück auf Hans Hermann Hoppe, *Democracy: The God That Faild*, New Brunswick 2001, S. 215, und spielt seither in der Argumentation der *paleolibertarians* eine große Rolle.
064b Hans Hermann Hoppe, *Immigration and Libertarianism*, LewRockwell.com, 18. 10. 2014: »What about immigration if the State acted like

53

Zweifellos stellt es unter der Bedingung von Freiheit eine Möglichkeit dar, dass Grundeigentümer ihren Boden in der beschriebenen Weise zusammenlegen und nach außen hin abschotten. Die Behauptung aber, unter der Bedingung von Freiheit werde es die Regel sein, dass »gated communities« entstehen bzw. einen großen Teil des Gebietes ausmachen, das Freiheit und Eigentum respektiert, ist, gelinde gesagt, gewagt. Sie unterscheidet sich strukturell nicht von linken Vorstellungen, dass die Menschen unter der Bedingung von Freiheit ihr Eigentum aufgeben und in kommunitären Verbänden werden leben wollen, dass es also zur allgemeinen, womöglich *freiwilligen* Vergesellschaftung der Produktions- oder sogar Konsummittel komme.[065] Liberale, zionistische und libertäre Sozialisten träumten Ende des 19., Anfang des 20. Jahrhunderts davon, der Sozialismus entstehe, indem die Grundeigentümer den Boden gemein machen und dann zusammen bewirtschaften.[066] Neben verschiedenen anderen Siedlungsbewegungen, die allesamt scheiterten – grandios einige, kläglich viele –, ist der umfassendste dieser Versuche das Kibbutz-System in Israel.[067] Es gibt auch konservative und religiöse Umsetzungen dieser Idee, etwa die Gemeinschaft der Amische.[068] Wenn solche Gemeinschaften sich nicht wieder aufgelöst haben, bleiben sie Randphänomene der Gesellschaft. — *Kapitalismus ist & bleibt kosmopolitisch.*

the manager of the community property jointly owned and funded by the members of a housing association or gated community?«

065 Diese Vorstellung wurde besonders von Peter Kropotkin entwickelt. Dass er implizit sehr wohl Eigentumsrechte voraussetzt, zeige ich in: Stefan Blankertz, *Minimalinvasiv*, Berlin ²2015 (edition g. 101), S. 125ff.

066 Diese Vorstellung wurde besonders von Gustav Landauer und Martin Buber entwickelt.

067 Basisdemokratische und kollektivistische Kibbutzim gibt es nach der Staatsgründung Israels dort zwischen 200 und 300. Sie haben sich nicht als die allgemeine Lebensform in Israel etabliert.

Das Elend der Kulturkritik ... — Sowohl die linke als auch die konservative Erklärung für das Scheitern der »gated communities« ist der Kapitalismus: die Verführung durch den umliegenden, meist ökonomisch viel stärker prosperierenden Kapitalismus, der mit fortschrittlichen und günstigen Waren, Weltoffenheit, persönlicher Bewegungsfreiheit, erleichterter Arbeit und jeder Menge Freizeit zu Sünde, Sittenverfall und Lottoleben lockt. Die ach so tugendsame, freiheitlich und menschenfreundlich gedachte Utopie schlägt an dieser Stelle meist um in repressive Fantasien oder aber in die Einsicht, dass das kommunitäre Ideal in sich unstimmig sei. Diese Einsicht führte etwa Josiah Warren,[069] der Mitte des 19. Jahrhunderts an einer gescheiterten Owenitischen Siedlungsinitiative[070] teilgenommen hatte, dazu, als erster »individualistischer Anarchist« in die Geschichte der USA einzugehen. — (*... ist jedoch nicht das Elend der Philosophie.*)

Die Auflösung von theokratischen »gated communities« durch den Kapitalismus ist eine frühe Erfahrung in den USA, noch bevor es die sozialistische Bewegung gab. Murray Rothbard beschreibt im fulminanten, mit Leonard Liggio verfassten ersten Band von »*Conceived in Liberty*«, seiner vier-bändigen »*Geschichte der Amerikanischen Revolution*«,

068 Die Amische, eine radikal protestantische Täuferbewegung, siedeln seit der Mitte des 19. Jahrhunderts vor allem in Pennsylvania, USA, und konservieren ein gemeinschaftliches Leben ohne die Technik des 20. Jahrhunderts.

069 Josiah Warren (1798-1874), Pazifist, nach der Teilnahme an mehreren gescheiterten sozialistischen Siedlungen individualistischer Anarchist.

070 Robert Owen (1771-1858), britischer Unternehmer und sog. »Frühsozialist«. Er propagierte und initiierte sozialistische Siedlungen, in denen Gleichheit und Harmonie herrschen sollten, um das Elend der Arbeiter zu überwinden. Die Produktionsgenossenschaft in New Harmony, Indiana,

unter dem vielsagenden Titel »*Economics Begins to Dissolve the Theocracy*«, wie die Ökonomie des freien Handels die theokratischen Versuche der Puritaner auflösen, Monopole, Lohn- und Preiskontrollen, und subventionierte Produktion zu errichten.[071] — *Von den USA lernen ... heißt siegen lernen.*

64

Der Begriff der »gated community« setzt sich nur sprachlich, nicht inhaltlich ab von früheren linken oder rechten Vorstellungen, in eine Situation von Kleinstaaterei – oder bestenfalls Frühfeudalismus – zurückzuführen. Die sprachliche Anlehnung ist die an eine für viele Länder der Welt geläufige Form des Wohnens, Lebens oder Einkaufens in abgeschirmten Komplexen. Die USA etwa kennen solche »gated communities«, und je nach Schätzung und je nach Definition leben zwischen knapp zehn bis rund zwanzig Millionen Menschen in ihnen. Das ist eine große Zahl, auf die Gesamtbevölkerung bezogen jedoch eine kleine Minderheit. Ein Hauptgrund für die Verbreitung dieser bestehenden »gated communities« ist die Angst vor Kriminalität, das heißt, die real existierenden »gated communities« sind eine Antwort auf ein eklatantes Staatsversagen. Wenn wir also davon ausgehen, dass unter der Bedingung der Wiederherstellung von Freiheit und Eigentum das Sicherheitsniveau höher liegt als heute, dann liegt die Vermutung nahe,

USA, bestand nur von 1825-1827. Josiah Warren führte das Scheitern des Experiments, an dem er selber teilnahm, auf die mangelnden Handlungsspielräume der Teilnehmer zurück.

071 Murray Rothbard und Leonard Liggio, *Conceived in Liberty, Volume I: A New Land – A New People – The American Colonies in the Seventeenth Century*, New Rochelle 1975. So auch Marx: »Die Bourgeoisie reißt durch die rasche Verbesserung aller Produktionsinstrumente, durch die unendlich erleichterten Kommunikationen alle, auch die barbarischsten Nationen in die Zivilisation. Die wohlfeilen Preise ihrer Waren [sic] sind die schwere Artillerie, mit der sie alle chinesischen Mauern in den Grund schießt, mit

dass eher weniger als mehr »gated communities« entstehen oder fortbestehen werden. — *Markets dissolve any theocrazy.*

65

Die theoretische Grundlage für die »gated communities« übrigens liefert ein politischer Denker, der in Kreisen, die Freiheit und Eigentum verteidigen, überwiegend einen echt miesen Ruf genießt: namentlich Jean-Jacques *Rousseau*. In seinem »*Contrat Social*« hat er 1762 das Zustandekommen einer »gated community« genau beschrieben: Freie Eigentümer ihrer selbst und ihres Grundes versammeln sich und schließen einen *Vertrag*, um Freiheit und Eigentum durch geeignete Maßnahmen und Institutionen zu sichern. Dieser Vertrag umfasse bloß die ihn unterzeichnenden Personen; nicht-zustimmende Personen können nicht Teil des Sozialvertrags sein; sie haben weder Mitspracherecht noch dürfen sie den Regeln der Gemeinschaft unterworfen und etwa zum Dienst an der Gemeinschaft verpflichtet werden.[072] Rousseau war sich im Klaren darüber, dass eine solche Gemeinschaft nur in kleinem Rahmen existieren könne, er dachte an Gemeinden, Dörfer, Städte, nicht dagegen Nationen. Stolz bezeichnete er sich als »Bürger von Genf«. Und Rousseau war auch derjenige, der schon sehr genau den die »Tugend« vernichtenden Einfluss des Kapitalismus beschrieben hat: Anstatt fleißig und bescheiden zu sein, nicht an das eigene

der sie den hartnäckigsten Fremdenhass der Barbaren zur Kapitulation zwingt.« Karl Marx, Friedrich Engels, *Kommunistisches Manifest* (1848), MEW 4, S. 466. Wohlgemerkt voller Bewunderung (ebd., S. 465): »Sie hat ganz andere Wunderwerke vollbracht als ägyptische Pyramiden, römische Wasserleitungen und gotische Kathedralen, sie hat ganz andere Züge ausgeführt als Völkerwanderungen und Kreuzzüge.« Dass Marx als *der* Antikapitalist in die Geschichte einging, ist nicht so verwunderlich, weil er sich selber als solchen missverstand. Ein Missverständnis bleibt es gleichwohl.
072 Vgl. zu Rousseau *Anarchokapitalismus*, S. 34 ff, und *Die Katastrophe der Befreiung*, S. 131 ff.

Vergnügen zu denken, sondern sich für die Gemeinschaft aufzuopfern, ergehen sich die jungen Menschen, wenn sie etwa dem großstädtischen Paris ausgesetzt sind, in Wohlleben und Sünde.[073] — *Große Gleichmacher, sie tanzen nicht.*

66

Entweder? Oder! — Für die Legitimation der Konstitution eines modernen National- und Flächenstaats taugt Rousseau bloß mittels einer ideologischen Umdeutung seiner Theorie. Gleiches gilt für die Analogie zwischen einer »gated community« und heutigem Sozialstaat. Sofern der existierende Staat etwa der Bundesrepublik Deutschland als eine »gated community« definiert werden sollte, müssen auch die Entscheidungen der Eigentümerversammlung als rechtmäßig angesehen werden. Und was entspricht einer Eigentümer- oder Aktionärsversammlung mehr als der deutsche Bundestag? Da es trotz wachsenden Unmuts über die »Flüchtlingswelle« doch eher unwahrscheinlich ist, dass diese »Eigentümerversammlung« mehrheitlich dafür stimmen wird, die BRD neuerlich mit einem anti-faschistischen, *pardon*, anti-islamistischen Schutzwall zu umgeben, müssen Verfechter der Analogie zwischen »gated community« und Staat, sofern intellektuelle Redlichkeit ihre Richtschnur ist, sich ins Schicksal fügen. Oder zu echten Verteidigern des Kapitalismus werden. — *¿Left? ... ¿Right? ... ¡Beyond Left and Right!*

073 Jean-Jacques Rousseau, *Emile und Sophie oder die Einsamen* (Variante des Titels: ... »*oder die Verlassenen*«; posthum veröffentlichte Fortsetzung von *Emile* [1762], Ausgewählte Werke in 6 Bänden, Band 5, Stuttgart 1898, S. 334): »Wie soll ich [der erwachsene Emile] mit Ihnen [seinem Lehrer Jean-Jacques] sprechen über die zwei Jahre, welche wir in dieser unglücklichen Stadt [Paris!] zubrachten und über die grausamen Wirkungen, welcher dieser giftvolle Aufenthalt für mein Gemüt und für mein Schicksal gehabt hat?« Welch ein Erfolg der besten denkbaren Erziehung, deren Bemühungen durch einen kurzen Aufenthalt in einem Sündenpfuhl zunichte gemacht werden können!

67

Mauern. — In Reaktion gegen die politische oder auch nur
humanitäre Forderung danach, mehr Flüchtlingen vor staat-
lichem Unrecht – Verfolgung, Krieg, wirtschaftlicher Not –
Zuflucht in Deutschland zu bieten, hat sich eine hämische
Antwort etabliert: Wer solches fordere, solle gefälligst mit
dem eigenen Geld für die Ausgaben geradestehen, die die
Flüchtlinge verursachen. Seinen Wohnraum zur Verfügung
stellen. Eine Kaution für die Ausgaben hinterlegen. — *Usf.*
Hinter dieser Reaktion steht die Vorstellung, dass das für
Flüchtlingshilfe aufgewendete Geld den deutschen Bürgern
durch staatliches Unrecht abgenommen worden sei, und
drum dürfe es nicht anders verwendet werden, als die Bürger
das wünschten. Der Staat sei Treuhänder des gemeinsamen
»Bürger-Besitzes«. Mit den Ausgaben für Flüchtlinge oder
Ausländer verstieße der deutsche Staat gegen seine treu-
händerischen Pflichten. Allerdings stimmt die Reaktion mit
diesem Argument dem legalen Raub, genannt Steuern, unter
der Hand zu und überlässt die Verfügung über das Raubgut
dem kollektiven politischen Prozess. Genau genommen verursachen nicht Flüchtlinge Ausgaben, vielmehr der Sozialstaat, der sie zu Nummern in behördlicher Fürsorge macht.

68

Jene aber, die mehr Flüchtlingen Schutz und Zuflucht bieten
wollen, sind nun ebenfalls Steuerzahler wie diese, die eine
weitere Aufnahme von Flüchtlingen ablehnen. Die Befürworter von Flüchtlingshilfe können also in derselben Weise
argumentieren wie die Gegner: Warum sollen Befürworter
für das, was sie sich politisch-humanitär wünschen, privat
aufkommen, wo sie doch bereits Steuern gezahlt haben, um
genau solche Ausgaben zu finanzieren? Auch ihnen gegenüber konstituieren Steuern: Raub. — *Steuern essen Seele auf.*

Demnach stehen sich zwei kollektivistische Ansprüche über die Verfügung dessen gegenüber, was im Topf des Raubguts sich befindet. Den Bürger gibt es so wenig wie den Wähler oder den Steuerzahler. Diese Begriffe täuschen eine Homogenität und Harmonie vor, die es *nie* gibt. Es sind Begriffe einer Gleichschaltung. Was immer das Verfahren ist, das in einem Staat darüber bestimmt, welche Seite die Verfügung zugesprochen kriegt, durch ihre Argumentation erkennen beide Seiten an, dass sich das Kollektiv der Ressourcen auch der jeweils anders Meinenden bedient. Das in der Bundesrepublik geltende Verfahren ist, dass die durch die Mehrheit der sich an den Abstimmungen beteiligenden Berechtigten gewählten Vertreter die Entscheidungen fällen. Wie immer bei einem solchen Verfahren, am Ende gewinnt niemand: Es werden brutale Mittel eingesetzt, Flüchtlinge an den Außengrenzen der EU abzuwehren, und es werden massenweise Flüchtlinge behördlich versorgt und untergebracht. Jede Seite hat am Ende das Gefühl, die andere Seite habe gesiegt und beherrsche die öffentliche Meinung.
Die richtige Antwort wäre in der Tat, die Steuern um genau den Betrag zu senken, der für Flüchtlinge ausgeben wird und die Hilfe für die Flüchtlinge dann zu privatisieren. In einer freien Gesellschaft gibt es keine Einwanderung, sondern nur einen Wohnungswechsel.

Auf diesen Hinweis entgegnet man mir oft, dass eine solche Privatisierung der Flüchtlingshilfe kombiniert mit Steuersenkung politisch nicht durchsetzbar sei.[074] Da müsse man, um seine Haut und sein Geld zu sichern, realistisch sein und für die kollektivistische Option der Flüchtlingsabwehr und

073a Mehr dazu siehe unten Nrn. 129ff, S. 99ff.

Ausweisung nicht anerkannter Asylbewerber drängen. Allerdings: Auch eine solche Ausweisung nicht anerkannter Asylbewerber und eine solche Flüchtlingsabwehr, die über das schon augenblicklich ausgeübte Maß (und dessen durch die Regierung ohnehin geplante Verschärfung) hinausgehen, sind aktuell genauso wenig mehrheitsfähig. Und wenn man sich für eine Änderung der öffentlichen Meinung engagiert, wäre es doch besser, für die richtige Lösung einzutreten anstatt für eine falsche, freiheitsfeindliche Scheinlösung. Bei der Forderung nach der Ausweisung nicht anerkannter Asylbewerber macht man sich obendrein abhängig von behördlichen und richterlichen Entscheidungen, die oftmals haarsträubendes und empörendes Unrecht beinhalten.

71

Hinter jenem Argument »Nicht mit unserem Geld!« steht meiner Erfahrung nach jedoch noch eine meist unausgesprochene Vorstellung. Sie bezieht sich auf das angebliche Recht, in einer ethnisch, sprachlich und religiös homogenen Umgebung zu leben, bisweilen angedeutet in dem Slogan, »Deutschland schafft sich [durch Einwanderung] ab«. In der Tat kann solch ein »Recht« nicht anders als durch staatliche Gewalt umgesetzt werden. Dies gilt selbstredend für beide Seiten. Ob Verbot von Mohammed-Karikaturen, von Hotpants oder aber von Burka, Kopftuch und Moscheenbau, ob Garantie auf Schulklassen ohne »Ausländer« oder staatlich geförderten Koran-Unterricht: Für Repression und für Zugriff aufs Geld Anderer braucht man einen Staat und für sonst gar nichts. — *Verbote verbieten. Verbieten verboten.*

72

Die Gegner der Einwanderung wissen wohl sehr genau, dass Privatisierung die Tendenz hat, homogene soziale Umfelder aufzulösen. Geschichte, Empirie und ökonomische Theorie beweisen das: Multi-Kulti ist nicht Ergebnis von sozialstaatlichen Interventionen, sondern von Kapitalismus.

»Die Bourgeoisie [...] hat alle feudalen, patriarchalischen, idyllischen Verhältnisse zerstört. Sie hat die buntscheckigen Feudalbande, die den Menschen an seinen natürlichen Vorgesetzten knüpften, unbarmherzig zerrissen. [...] Die Bourgeoisie hat alle bisher ehrwürdigen und mit frommer Scheu betrachteten Tätigkeiten ihres Heiligenscheins entkleidet. [...] Die Bourgeoisie hat dem Familienverhältnis seinen rührend-sentimentalen Schleier abgerissen [...]. Die Bourgeoisie hat enthüllt, wie die brutale Kraftäußerung, die die Reaktion so sehr am Mittelalter bewundert, in der trägsten Bärenhäuterei ihre passende Ergänzung fand. Erst sie hat bewiesen, was die Tätigkeit der Menschen zustande bringen kann. Sie hat ganz andere Wunderwerke vollbracht als ägyptische Pyramiden, römische Wasserleitungen und gotische Kathedralen, sie hat ganz andere Züge ausgeführt als Völkerwanderungen und Kreuzzüge. [...] Sie hat zum großen Bedauern der Reaktionäre den nationalen Boden der Industrie unter den Füßen weggezogen. [...] Die Bourgeoisie reißt durch die rasche Verbesserung aller Produktionsinstrumente, durch die unendlich erleichterten Kommunikationen alle, auch die barbarischsten Nationen in die Zivilisation. Die wohlfeilen Preise ihrer Waren sind die schwere Artillerie, mit der sie alle chinesischen Mauern in den Grund schießt, mit der

074 Marx/Engels, *Das kommunistische Manifest* (1848), MEW 4, S. 465 f.
075 Friedrich Hölderlin 1804, zit. n. Frankfurter Ausgabe, *Gesänge*, Frankfurt/M. 2000, S. 765.
076 Ein Begriff von Lenin, der damit die Fahnenflucht von Soldaten aus der zaristischen Armee als eine Abstimmung mit den Füßen gegen den Krieg charakterisierte, dann auf die Massenflucht aus der DDR übertragen. Vgl. Josef Müller-Marein, *Abstimmung mit den Füßen: Die große Flucht in Deutschland*, in: Die Zeit, am 21. 07. 1961. – Nicolas Hénin, zehn Monate

62

sie den hartnäckigsten Fremdenhass der Barbaren zur Kapitulation zwingt.«°74 — *Mit Marx* ...

73

... mehr Kapitalismus wagen. — Jedes *plus* an Kapitalismus bedeutet größere Offenheit für Fremdes, stärkere Integrationsmöglichkeiten für Arbeitskräfte, Kulturen, Religionen. Alles *minus* an Kapitalismus bedeutet Abschottung, Spielräume für ethnische Säuberungen, Verfall des Wohlstandes. #murx

74

»An den Gränzen aber, wo stehet | der Knochenberg.«°75 — Kurz bevor Walter Ulbricht die Mauer bauen ließ, die zu errichten noch zwei Monate zuvor bekanntlich niemand die Absicht hatte, gab es eine Massenflucht aus der DDR, die der Westen Abstimmung mit den Füßen gegen den Kommunismus nannte.°76 — *die podologie ist allmächtig, weil sie wahr ist.*

75

Wer den Versuch von Menschen, aus Verfolgung, Krieg und Not zu entkommen, heute mit der Aufforderung kontert, sie sollten bleiben, wo sie herkommen, um die Bedingungen dort zu ändern, ist das zynisch. Hätte die BRD vor 1961 die aus der DDR Flüchtenden an der Grenze zurückschicken sollen mit der Aufforderung, das Regime in der DDR zu stürzen? Offensichtlich sehen Flüchtende keine Chance, in

lang Gefangener des »Islamischen Staats«, französischer Journalist, »described the recent escalation of the refugee crisis – and corresponding offers from Europe of homes to fleeing Muslims – as ›a blow to Isis‹. He said: ›Hundreds of thousands of refugees, fleeing this Muslim land that is like a dream for ISIS – that is supposed to be their Israel? And fleeing that land to go to the land of the unbelievers? This is why they probably tried to manipulate the public during the Paris attacks,‹ he said. ›To make us close our borders‹« (The Independent, 03. 12. 2015).

ihrer Heimat die Verhältnisse zu einem Besseren zu wenden. Aber die Aufforderung ist mehr als zynisch. Mit den Füßen abzustimmen, ist die ultimative Form der Konkurrenz der Systeme. Wenn Menschen massenweise ein Land verlassen, ist dies eine Demonstration gegen die dort herrschenden Verhältnisse, und über einen gewissen Punkt hinaus ist eine Abwanderung auch wirtschaftlich bedrohlich. So wenig wie Staaten es lieben, wenn Kapital mit Abwanderung in Steueroasen gegen ein System stimmt, lieben Staaten die Drohung, dass es zur Abstimmung mit den Füßen kommen könnte. Solch eine Abstimmung kann unterbunden werden, indem man Menschen nicht *hinaus* lässt – wie seinerzeit die DDR – oder indem man Menschen nicht *herein* lässt – wie derzeit die westlichen Staaten. Warum ¿musste es soweit kommen?

76

Der Unterschied zwischen früher und heute bestehe darin, wird gesagt, dass die Wirtschaft damals im Gegensatz zu heute für Zuwanderung aufnahmebereit gewesen sei und dass Zuwanderer heute fremde Kulturen und Religionen, dagegen meist wenig Ausbildung mitbringen. Dabei wird so getan, als sei es ein unabänderliches Schicksal eines Landes, wirtschaftlich mehr oder weniger aufnahmefähig für eine Zuwanderung zu sein. In den USA stellte Zuwanderung bis weit in die zweite Hälfte des 19. Jahrhunderts kein Problem dar, die Zuwanderer brachten verschiedene Sprachen und Kulturen und Religionen mit und waren vor allen Dingen zumeist dies: arm und ungebildet. In der zweiten Hälfte des 19. Jahrhunderts begannen Bestrebungen, die Zuwanderung zu begrenzen und zu kanalisieren. Zugleich wurde die Schulbildung als *das* Instrument zur Integration gepriesen, genau wie Schulbildung geeignet sein sollte, jeder Arbeitslosigkeit unter Einheimischen und unter Zuwanderern vorzubeugen.

1968. — 1968, als die »Neue Linke« noch in Opposition zur staatlichen Schule stand, während die Sozialtechnokraten deren Expansion ohne Gleichen betrieben, untersuchte der marxistische Historiker Michael B. Katz die frühe, die erste Phase der Schulexpansion im 19. Jahrhundert unter dem Titel *»The Irony of Early School Reform«*.[077] Kernstück der Untersuchung ist die Abstimmung in einer Kleinstadt, in der die Bevölkerung sich gegen ein Gesetz stellt, dass die Einrichtung einer steuerfinanzierten Highschool verlangt. Da die Abstimmung öffentlich und namentlich erfolgte, war eine detaillierte soziologische Untersuchung möglich. Katz fand heraus, dass entgegen des bis heute in den erziehungswissenschaftlichen Lehrbüchern zu findenden Vorurteils die Angehörigen der Mittel- und Oberschicht mehrheitlich *für*, die der Unterschicht *gegen* die Errichtung der mit Steuern finanzierten Highschool stimmten. Sie taten dies, wie Katz herausarbeitete, nicht aus Unwissenheit über ihre eigenen Interessen. Für das Fortkommen der Untersicht war die mit Steuern finanzierte Highschool unerheblich, dagegen bedeutete sie für die Mittelschicht, die Kosten ihrer Bildungsinteressen auf die Allgemeinheit zu überwälzen. Katz, 2014 gestorben, demonstrierte in den folgenden Jahren an immer neuen historischen und aktuellen Beispielen, dass die staatliche Schule keine Quelle für »soziale Mobilität« sei und ebenso wenig einen Beitrag leiste, das Problem der Arbeitslosigkeit zu überwinden. Die USA seien aufgebaut worden, wie er es sagte, von ungelernten, zugewanderten Arbeitern.

<h2 style="text-align:center">78</h2>

Dass die Volkswirtschaft der USA (und der anderen, ebenso kaum noch *kapitalistisch* zu nennenden westlichen Staaten)

077 Michael Katz, *The Irony of Early School Reform* (1968), New York 2001.

nicht mehr aufnahmefähig für Arbeitskräfte und die Gesellschaft nicht mehr integrationsfähig für fremde Kulturen ist,
ist kein quasi natürliches Ergebnis von »Sättigung«, der
Sättigung des Arbeitsmarktes und der Überforderung mit
Integrationsleistung, sondern das Ergebnis von zunehmender Verstaatlichung. Die zunehmende Abschottung von Arbeitsmarkt und Gesellschaft gegen Zuwanderung verläuft
parallel zu der Entwicklung des Wohlfahrts- und Sozialstaats. Erinnern wir uns, dass es die SPD-FDP-Regierung
unter Helmut Schmidt war, die mit dem »Kampf gegen
Asylmissbrauch« begann. Einträchtig verfolgten SPD und
CDU in den folgenden Jahren eine Abschreckungsstrategie,
die Visumspflicht, Arbeits- und Bewegungsverbot, miese
räumliche und sanitäre Unterbringung, Zwangsabschiebung
auch in den Tod usw. einsetzte. Eingriffe in die Wirtschaft
verringern deren Dynamik und damit die Aufnahmefähigkeit für zusätzliche Arbeitskräfte. Der Mindestlohn etwa ist
ein geeignetes Mittel, um die Integration der Zuwanderer
(jedoch genauso von schlecht ausgebildeten einheimischen
Arbeitskräften) zu unterbinden. Die Integration über die
Schule hat (worauf Ludwig von Mises hinwies) ganz andere
Effekte.[078] Da sie nicht freiwillig verläuft, heizt sie ethnisch-
religiöse Konflikte geradezu an und wirkt darum geradezu
desintegrierend. Schulbildung für das Ausüben von Berufen
zur Voraussetzung zu machen, ist ein weiteres Mittel, das die

078 »In sprachlich gemischten Ländern ist das dauerhafte Festhalten an
einer Politik erzwungener Bildung völlig inkompatibel mit Versuchen zur
Schaffung eines beständigen Friedens ist. [...] Die Frage, welche Sprache
zur Grundlage der Ausbildung gemacht wird, erlangt fundamentale Bedeutung. Eine Entscheidung darüber in der einen oder anderen Weise kann
im Lauf der Jahre die Nationalität eines ganzen Gebietes bestimmen. Die
Schule kann die Kinder der Nationalität ihrer Eltern entfremden und sie
kann als ein Mittel benutzt werden, diese Nationalität zu unterdrücken.
Wer die Schulen kontrolliert, hat die Macht, andere Nationalitäten zu
schwächen und die eigene zu stärken. [...] In allen Gebieten mit verschie-

Integration verhindert. Dabei ist es eben nicht eine wirtschaftliche Notwendigkeit, die Schulbildung voraussetzt, sondern das Berechtigungswesen. Wenn für die Ausübung eines Berufes schulische Bildung tatsächlich sachnotwendig wäre, würden Arbeitgeber entsprechende Anforderungen formulieren; es bedürfte keiner staatlichen Gewalt. Der Einsatz staatlicher Gewalt beweist, dass eine Maßnahme für die Beteiligten weder vorteilhaft noch sachnotwendig ist, weil es zur Umsetzung des Vorteilhaften und Sachnotwendigen keiner Gewalt bedarf. — *Gewalt ist allmächtig, aber unwahr.*

79

Einzelfall.[™] — Ein mit mir befreundeter Flüchtling war in Pakistan ein hochqualifizierter Elektroingenieur, der für Siemens gearbeitet hat. In Deutschland wurde er, »selbstverständlich«, zunächst mit Arbeitsverbot gestraft. Man braucht keine fortgeschrittenen Kenntnisse in Psychologie, um nachzuvollziehen, dass jahrelange erzwungene Untätigkeit nicht die Wirkung hat, eine erworbene Qualifikation aufrechtzuerhalten. Seitdem er eine Arbeitserlaubnis hat – (schon das Wort »Arbeitserlaubnis« ist ein Hinweis darauf, wie sehr planwirtschaftlich unser System verseucht ist) –, darf er »natürlich« auch keine hochqualifizierte Tätigkeit ausüben, denn die Abschlüsse werden durch den deutschen Staat nicht anerkannt. Weshalb wohl?

denen Nationalitäten ist die Schule ein Politikum von höchster Wichtigkeit. Sie kann ihren politischen Charakter nicht verlieren, solange sie eine öffentliche Zwangsinstitution bleibt. Es gibt tatsächlich nur eine Lösung: Der Staat, die Regierung und die Gesetze dürfen sich in keiner Weise mit den Schulen und der Bildung befassen. Öffentliche Mittel dürfen nicht für derartige Zwecke genutzt werden. Erziehung und Bildung der Jugend müssen völlig den Eltern sowie privaten Vereinigungen und Institutionen überlassen werden« Ludwig v. Mises, *The Free and Prosperous Commonwealth*, Princeton, NJ 1962, S. 114f. Zitiert nach: Murray Rothbard, *Für eine neue Freiheit*, Band 2 (edition g. 103), S. 96.

Für Nicolas Hénin. — Die »Abstimmung mit den Fußen« zu verhindern – oder zumindest zu begrenzen –, ist Kumpanei internationaler Staats- mit Terrorbürokraten.

Einer der gespenstischsten Aspekte bei den Debatten um die Aufnahme von Flüchtlingen in Deutschland ist der Schlagabtausch dergestalt, dass die eine Seite sagt, *wir* als demografisch überalterte Gesellschaft bräuchten Arbeitskräfte, während die andere Seite dagegen hält, die kommenden Flüchtlinge seien aber »keine Ärzte und Ingenieure«. Gespenstisch daran klingt zunächst mal der unverhohlen planwirtschaftliche Ansatz beider Seiten, der, angewendet auf Menschen, vor Zynismus sprüht: Die Menschen werden als Material gesehen, das »die« Wirtschaft brauche oder eben nicht. Aber auf welche Weise determiniert *die* Wirtschaft, wie viele Qualifizierte, was für Qualifikationen *sie* braucht?

Auch wenn du denkst du dürftest darfst du nicht was du denkst. — Makaber an der Debatte ist auf der nächsten Ebene, dass es bei den »Ärzten und Ingenieuren«, die sich unter den Flüchtlingen befinden, durchaus fraglich ist, ob ihre in den jeweiligen Heimatländern erworbenen Abschlüsse hier in Deutschland Anerkennung finden (falls sie überhaupt eine Arbeitserlaubnis erhalten). Genauso fragt es sich, ob die in den Heimatländern erworbenen Qualifikationen in BRDland denn überhaupt passend seien. Bei einem Arzt käme noch hinzu, dass nicht nur sein Abschluss anerkannt werden, vielmehr dass er auch einen Kassenplatz zugesprochen kriegen müsste, um praktizieren zu können. Dass Deutschland ein Land ist, welches vom Berechtigungswesen beherrscht wird,

wird in der Debatte schlichtweg unterschlagen: Die meisten qualifizierten Tätigkeiten darf man in Deutschland nur aus-üben, wenn man eine dafür gültige Lizenz an einer staat-lichen oder vom Staat anerkannten Institution erworben hat. Im Sog des Berechtigungswesens werden immer mehr Tätigkeiten in solche umgewandelt, für die eine Lizenz vor-ausgesetzt ist. Den Erwerb von Kompetenz über Arbeit da-gegen erschwert obendrein der Mindestlohn. — *Einwandern in den Sozialstaat? Nein, ins Bürokratenparadies.*

83

Human-Planwirtschaft. — Spätestens in den 1960er Jahren begann »die« Wirtschaft danach zu schreien, das staatliche Schul- & Ausbildungssystem möge ihr die für sie optimierte Menge an passgenau qualifizierten Arbeitskräften liefern. Dieser Schrei (und nicht etwa die heute immer wieder unter Anklage gestellte »linke« Subversion) ist Ursache und Aus-löser der Schulreform damaliger Zeit. Mit jener Forderung nach *qua* Staat »qualifizierten« Arbeitskräften werden die Kosten der Qualifikation von den Unternehmen auf die All-gemeinheit der Steuerzahler überwälzt. Sie ist unzweideutig eine Forderung des damals sich verschärfenden Korporatis-mus. Die Schwierigkeiten, die sich mit der staatlichen »Pro-duktion« der von der Wirtschaft gewünschten Menge und Qualität der Arbeitskräfte auftun, sind die einer jeden Plan-wirtschaft:

1. Man muss wissen, wie viele qualifizierte Arbeitskräfte die Wirtschaft in x Jahren braucht.

2. Man muss wissen, wie diese Arbeitskräfte qualifiziert sein sollten, damit sie auf die zukünftig vermeintlich benötigten Stellen passen.

3. Man muss wissen, wie diese Arbeitskräfte am schlauesten zu qualifizieren sind.

4. Man muss wissen, wie man die Menschen dahin bewegt, sich qualifizieren zu lassen in der angeblich notwendigen Zahl auf den angeblich notwendigen Wegen. Die Menschen müssen ja irgendwo »mitspielen«. — *Verplankapital ist eine*

84

Anmaßung von Wissen. — Bei allen diesen Punkten handelt es sich um die Anmaßung von Wissen.[079] Denn ein solches Wissen gibt es nicht. Die Experten verschätzen sich ständig sowohl was die Zahl, als auch was die Art der Qualifikation betrifft. Hinsichtlich ihrer Schätzungen sind die Experten sich natürlich auch untereinander uneinig. Der Schätzung von wem folgen? Auch was die Methoden der Qualifizierung betrifft, gibt es unterschiedliche Ansätze. Und schlussendlich finden die Menschen wie in jeder Planwirtschaft Mittel, die vorgegebenen Wege zu verlassen. Nur scheinbar spielen sie mit, sie setzen ihre eigenen Ideen und Wünsche um. Oder es gibt Innovationen und ganze Zweige von Qualifikationen werden grundlegend verändert, die einstmals »genossene« Ausbildung wird hinfällig; so mancher Beruf verschwindet, ein andrer entsteht neu. — *Die Irrtümer der Staatspädagogik.*

85

Unheimlicher Lehrplan. — Von der staatlichen Schule wird aber nicht bloß Qualifizierung von Arbeitskräften erwartet. Darüber hinaus hat sie einen bildenden und erzieherischen »Auftrag«. Auch dieser Auftrag ist politisch umstritten und führt zu vielfältigen Problemen; sie wiederum wirken auf die Qualifizierungsfunktion zurück. Schon die Frage, in was

079 F. A. Hayek, *Die verhängnisvolle Anmaßung. Die Irrtümer des Sozialismus*, Tübingen 1988. Es wird spekuliert, dass dieses Werk eigentlich von William W. Bartley verfasst wurde, inspiriert durch den erkrankten Hayek, was der Bedeutung der geäußerten Gedanken jedoch in keiner Weise Abbruch tut.

für einem Verhältnis der direkt beruflich nützliche und verwertbare Gewinn an Kenntnissen zu der bildenden Wirkung stehen solle, bleibt umstritten.

86

¿1 = 2? — Wie wenig die politische Vertretung »der« Wirtschaft von wirklicher Qualifikation, von wirklichem Bedarf und von wirklicher Funktionsweise der Wirtschaft versteht, lässt sich an der ständigen Klage über angeblich zunehmend nicht korrekte Orthografie von Schulabhängern ablesen. Für viele Tätigkeiten ist korrekte Orthografie unnötig. Fehlerhafte Orthografie ist weder Indiktator für eine mangelnde Intelligenz, noch für mangelnde Kreativität oder auch nur für mangelnden Arbeitswillen und mangelnde Gewissenhaftigkeit. Wenn alle richtig Lesen und Schreiben könnten und überhaupt bloß besser qualifiziert wären, könnte man auch alle einstellen, es gäbe keine Arbeitslosigkeit und kein Problem mit Migranten, lautet die geheime Unterstellung. Was für ein Schmarren. Gibt es denn einen Arbeitgeber in Deutschland oder auf der Welt, der, wenn er bloß *eine* neue Person einstellen will, stattdessen *zwei* einstellt, weil beide gleich gut Lesen und Schreiben können? Die Vorstellung, dass für jeden gut gebildeten und ausgebildeten Menschen ein Arbeitsplatz zur Verfügung stehe, ist magisches Denken, keine wirtschaftliche Realität. Zeitweilige oder anhaltende Akademikerarbeitslosigkeit, Abwandern von Qualifizierten aus schlecht oder unterentwickelten Regionen usw. zeigen, dass (wie bei allen anderen Waren auch) nicht das Angebot, vielmehr immer die Nachfrage den Arbeitsmarkt bestimmt.

87

Was Hänschen nicht lernt. — Dieses Konzept der schulisch vorab qualifizierten Arbeitskräfte geht des Weiteren davon aus, dass Qualifikation etwas sei, das man am besten in der Jugend erwirbt und das für das ganze Leben gilt. Aber wenn jemand mit 18 Abitur gemacht hat, inwiefern ist das eine sinnvolle Aussage darüber, ob er mit 60 für Job A oder Job B qualifiziert sei? Dies ist so absurd, dass es niemand ernsthaft erwägen könnte. Beim Berechtigungswesen geht es gar nicht um Qualifikation, sondern um eine planwirtschaftliche Zuteilung der Erlaubnis, einen Job auszuführen. Das Kriterium ist nicht die Qualifikation, sondern eine angeblich objektiv ökonomisch determinierte Quote. In Wirklichkeit geht es, natürlich, um den Schutz von Privilegien und Hochhaltung von Gehältern durch künstliche Verknappung. — $2 + 2 = 5$.

88

Einzelfall.™ — In den 1980er und 1990er Jahren gelang es einem Hochstapler, Beruf: Postbote, sich in den ärztlichen Dienst einzuschleichen. Er war Amtsarzt, Leitender Oberarzt, trat als Gutachter in Strafverfahren auf und hielt Fachvorträge ... Dieser Fall war darum so heikel, weil er die Sinnhaftigkeit des Berechtigungswesens in Frage stellte.

89

Tear down this wall. — Und nun komme ich wieder auf die Flüchtlingsfrage zurück. Die Frage ist nicht, ob sich unter ihnen »Ärzte und Ingenieure« oder anders Qualifizierte befinden, vielmehr ob ihnen erlaubt wird, sich im Arbeitsprozess zu qualifizieren. Der deutschen Wirtschaft muss dazu erlaubt werden, Arbeitskräfte nach Eignung anstatt nach Berechtigungen auszusuchen. Das planwirtschaftliche Berechtigungswesen ist die immaterielle Mauer zwischen uns und einer möglichen Freiheit. Diese Mauer muss weg. Das wäre sowohl für die Migranten als auch für die bioheimische d-Bevölkerung eine Wohltat. — *¡Venceremos, Rothbarderos!*

Ausgehend von den 1960er Jahren hat eine zunächst von der linken Außer-Parlamentarischen Opposition vertretene These heute sich als staatlicher »Industriestandard« durchgesetzt: Das liberale Postulat der Gleichheit der Menschen beziehe sich nicht (nur) auf die Gleichheit vor dem Gesetz, sondern drücke eine grundsätzliche Gleichheit von Fähigkeiten und Intelligenz aus. Die sozioökonomische Ungleichheit sei eine Folge negativer Einflüsse auf die eine Gruppe, die Gruppe der »Unterprivilegierten«, und positiver Einflüsse auf die »Privilegierten«. Mit den geeigneten sozialen Maßnahmen, speziell im Bereich der Erziehung und Bildung, könne, solle und müsse die grundsätzliche Gleichheit zu der gesellschaftlichen Realität gemacht werden. — *Die Erblasser.*

In der Abwehr gegen solch gleich=macherische Vorstellung haben die Kräfte, die an einer ursprünglich liberalen Vision festhalten wollen und die die neue Außer-Parlamentarische Opposition bilden, auf eine alte konservative Auffassung zurückgegriffen: Der Status eines Menschen werde vornehmlich durch Geburt und Erbe bestimmt. Ungleichheit sei mithin natürlich und nicht durch soziale Maßnahmen zu verändern. In einer Gesellschaft, in der Status tatsächlich aber durch Fähigkeiten und Intelligenz zu erwerben ist, nimmt diese Auffassung die Form an, Intelligenz sei »erblich« und nicht durchs soziale Milieu zugewiesen. Den Anschein des Subversiven verleiht jener Auffassung dann die Erfahrung, dass das linke Establishment die Theorie einer Erblichkeit von Intelligenz meist mit Verweisen auf die unerwünschten politischen Konsequenzen (Aufrechterhaltung einer sozioökonomischen Ungleichheit, Rassismus ...) bekämpft, nicht mit wissenschaftlichen Beweisen. — *... Annahme verweigert.*

In der politischen Polemik geht beiden Seiten die Einsicht in
das verloren, was mit der These von der »Erblichkeit« (der
Intelligenz) gemeint sein könnte. Beide Seiten unterstellen
der These nämlich, dass aus ihr eine »nicht-dynamische«
soziale Struktur geradezu zwangsläufig erwachse. Die linken
Gegner werfen ihr vor, sie zementiere und legitimiere sozioökonomische Ungleichheit. Die rechten Befürworter halten
ihr zugute, sie sei das Bollwerk gegen die gleichmacherische
Erziehungsdiktatur. — *Erbschleicher.*

Dynamik würde die These einer Erblichkeit von Intelligenz
allerdings nur dann ausschließen, wenn das Maß der Erblichkeit bei 100 Prozent läge (und zudem die Möglichkeit
von Mutation nicht gegeben wäre). Dieses behauptet m. W.
kein Wissenschaftler. Dass bei einem komplexen Phänomen
wie der Intelligenz Gen-Umwelt-Interaktionen nicht statt-
finden, ist höchst unwahrscheinlich. Wenn Wissenschaftler
überhaupt eine Erblichkeit von Intelligenz annehmen, liegt
die Schätzung ihres Maßes um 60 Prozent. Aber was heißt
das? Nehmen wir jemanden mit einem IQ von 100 Punkten.
Heißt das, 60 IQ-Punkte beruhen auf Erbe, 40 auf Umwelteinfluss? Die ersten 60 auf Erbe, die letzten 40 auf Umwelt?
Dann würde das Erbe gerademal hinreichen, um die Person
vor geistiger Behinderung zu bewahren. Oder umgekehrt?
Wie man es auch dreht und wendet, daraus ergibt sich kein
sinnvolles Bild. — *BILD dir ¿d?eine Meinung.*

Im Erblichkeitsmaß drückt sich aus, zu welchem Prozentsatz
Differenzen zwischen 2 Individuen mit ihrem Erbe – ihren
Genen – erklärt werden können. Person A hat einen IQ von

100, Person B einen IQ von 110. Bei einem Erblichkeitsmaß von 60 Prozent wären – nach statistischem Durchschnitt – 6 IQ-Punkte auf ihre Gene, 4 auf Umwelteinflüsse zurückzuführen. Nach statistischem Durchschnitt, das heißt wohlgemerkt, dass es hier nicht um konkrete, wirkliche Personen aus Fleisch und Blut und Hirn geht, sondern um statistische fiktive Konstrukte. Bleiben wir bei diesen Konstrukten. Das Erblichkeitsmaß von 60 Prozent bedeutet auch, dass eine Angleichung durch soziale Maßnahmen sehr wohl denkbar wäre, bloß eine absolute Gleichheit nicht erreicht werden könnte. Diese Angleichung könnte in (a) einer Steigerung von Person A auf 104 IQ-Punkte, (b) einer Absenkung von Person B auf 106 IQ-Punkte, oder (c) einer Steigerung von Person A auf 102 und einer Absenkung von Person B auf 108 bestehen. Wenn wir den Vorgang über Generationen hinweg betrachten, wäre es sogar gut möglich, sich auszumalen, dass die jeweiligen Enkel von A und B sich völlig angleichen. Umgekehrt könnte man sich vorstellen, dass der Umwelteinfluss auf die Nachkommen von B positiv wirke und deren IQ über 110 steigere, auf die Nachkommen von A negativ wirke und deren IQ unter 100 senke. Dann wäre das Erblichkeitsmaß für die folgende Generation aber geringer als 60 Prozent. So zeigt sich, dass das Erblichkeitsmaß keineswegs konstant ist, vielmehr seinerseits von Umwelteinflüssen abhängt. #logik

95

Im Allgemeinen wird das Erblichkeitsmaß (»Herabilität«) so verstanden, dass es die Wahrscheinlichkeit ausdrückt, mit welcher Nachkommen ein Merkmal der Eltern teilen. Eine Herabilität von 60 Prozent bedeutet dann, dass unabhängig vom Umwelteinfluss mit einer Wahrscheinlichkeit von 60 Prozent die Kinder ein Merkmal durch die Eltern übertragen bekommen. Auch hier gibt es also genug Spiel-

räume für Angleichungsfantasien. Eine generationenübergreifende Betrachtung zeigt auch hier, dass in kurzer Zeit
eine Gruppe A, gekennzeichnet von einem geringerem IQ,
mit einer Gruppe B, die ein höherer IQ auszeichnet, gleichziehen oder diese sogar übertreffen kann.[080] Ein besonders
makaberes historisches Beispiel der fatalen Auswirkung der
These der Vererbung von Intelligenz ist die Quote gegen die
Einwanderung von Juden Anfang des 20. Jahrhunderts.[081]
Da die einwanderungswilligen Juden in den von der Armee
durchgeführten IQ-Tests durchweg als mit absolut am
wenigsten Intelligenz ausgestattet hervorstachen, forderten
konservative Kräfte in den USA eine Quote gegen deren
Einwanderung, ansonsten würde eine »Verblödung« des
us-amerikanischen Volkes *qua* Rassenvermischung drohen.
Heute erreicht die jüdische Bevölkerungsgruppe in den USA
durchweg Höchstwerte bei IQ-Tests. Da sich diese wundersame Wandlung unmöglich allein auf Erbeinfluss zurückführen lässt, handelt es sich um ein Argument für den Einfluss der Umwelt auf die Intelligenzentwicklung. #statistik

96

Wir sehen, dass die These der Erblichkeit von Intelligenz als
Bollwerk gegen Gleichmacherei versagt (sofern deren Maß
nicht auf 100 Prozent geschätzt wird; jedoch ¿wer täte das?).

97

Ein ganz anderes Bild ergibt sich, wenn wir ein weiteres Gedankenexperiment anstellen. Der Einfachheit halber nehme
ich es aus der Pflanzenwelt (in Anlehnung an einen Versuch
des marxistischen Biologen Richard Lewontin): Säen wir gemischterbige Samen in die gleiche Umwelt (gleicher Boden,
gleiche Zufuhr von Wasser, Nährstoffen und anderen für die
Entwicklung der Pflanzen entscheidenden Faktoren),[082] sind

100 % der sich entwickelnden Unterschiede zwischen den Pflanzen genetisch bedingt. Bei der Saat reinerbiger Samen in unterschiedlichen Umwelten – unterschiedliche Bodenbeschaffenheit, unterschiedliche Nährstoffzufuhr usw. –, sind 100 % der Differenz umweltbedingt.

Aus diesem Gedankenexperiment erhellt, dass der Einfluss der Gene auf die Entwicklung von Individuen um so größer wird, je gleicher die Umweltbedingungen sind.[083] Das heißt, die »linke« Strategie, gleiche Umweltbedingungen für die Kinder zu schaffen, führt zu einem immer Größerwerden des genetischen Einflusses, zu einer Verstärkung des durch das Individuum nicht zu beeinflussenden Faktors seiner Erbanlagen. Die Strategie steigert die Ungleichheit, senkt sie nicht, sie ist letztendlich die Verwirklichung des alten konservativen Ideals einer rein durch Erbe bestimmten Gesellschaft. Gleichheit ist tatsächlich im klassisch liberalen Ideal einer Gesellschaft dagegen zu verwirklichen, in der selbstgeschaffene und differenzierte Umwelten den individuellen Spielraum für eigene Entwicklungen garantieren. Brisante Schlussfolgerung: Wenn sich religiöse, kulturelle, rassische Minderheiten oder Migranten nicht durch das herrschende deutsche Schulsystem »integrieren« lassen und wenn sie in diesem System versagen, heißt das keineswegs, dass sie sich nicht besser entwickeln könnten. Sie ins System zu pressen, bedeutet, dass ihre schlechte Position sich verfestigen wird.

080 Thomas Sowell, *Race and Culture*, New York 1994, S. 166.
081 Stephen J. Gould, *Der falsch vermessene Mensch* (1981), Frankfurt/M. 1999, S. 246ff.
082 Richard Lewontin, *Gene, Umwelt und Organismen*, in: Robert Silvers, *Verborgene Geschichten der Wissenschaft* (1995), München 1999, S. 132. Eine Ausarbeitung des Modells findet sich in: Stefan Blankertz, *Pädagogik mit beschränkter Haftung* (2013), Berlin 2015 (edition g. 105), S. 173ff.
083 »Je uniformer die Umwelt wird, um so größer wird die Herabilität [Erblichkeit].« Richard J. Herrnstein und Charles Murray, *The Bell Curve* (1994), New York 1996, S. 106.

98

Alle beiden Ansätze, die Milieu- wie die Erblichkeitstheorie, wenden sich gegen das kreative und eigenverantwortliche Individuum. Sie versuchen, das Verhalten, die Fähigkeiten und die Intelligenz des Individuums aus einem Faktor zu erklären, der nicht in seiner Verfügungsgewalt liegt, einem Faktor, den es weder beeinflussen noch verändern kann; ob dieser Faktor als »Umwelt« oder als »Erbe« bezeichnet wird, ist letztlich einerlei und kommt auch das Gleiche raus. Damit ist das Individuum nicht verantwortlich für sich und hat keinen Spielraum für seine Kreativität. Es wird gesehen als gebunden an Wirkungen von Umwelt oder Erbschlecht.

99

Einzelfall.[™] — Zur Betonung einer individualistischen Perspektive der eindrucksvolle, lehrreiche Fall der russischen siamesischen Zwillinge Masha & Dasha Kriwoschljapowa, die von 1950 bis 2003 lebten. Während des stalinistischen Regimes unterwarf man sie unmenschlichen medizinischen Experimenten.[084a]

»Gleicher« als bei diesen beiden Menschen können Genotyp und Umweltbedingungen nicht sein. Dennoch hatten sie ausgeprägte eigene Charaktere (die eine galt als fügsam, die andere als rebellisch), verschiedene Interessen sowie auch unterschiedliche Schwierigkeiten. Während die eine ihre schrecklichen Erlebnisse mit Alkohol ertränkte (und als Alkoholikerin bezeichnet wurde), war die andere, obgleich sie am gleichen Blutkreislauf partizipierte, dem Alkohol abhold. Sie litt nichteinmal unter Entzugserscheinungen, wenn ihre Schwester sich den Alkohol versagte! Derart könnten zwischen Individuen Differenzen bestehen, die weder aufs

084a Juliet Butler, *Masha und Dasha: Die Autobiographie eines siamesischen Zwillingspaares*, Bern 2000.

Erbgut noch auf die Umwelteinflüsse zurückzuführen sind und die sogar bewusst gegen die Umwelt verteidigt werden. — *»Die Apriorität des Individuellen | über das Ganze.«*[084b]

100

Einzelfälle.[™] — Am 01.05.1975 endete der Vietnamkrieg mit Einnahme der südvietnamesischen Hauptstadt Saigon durch Truppen der südvietnamesischen Guerillabewegung mit der Unterstützung des kommunistischen Nordvietnams. Die Eroberung Saigons durch die Kommunisten stellte einen Bruch des Pariser Friedenabkommens dar; jedoch keiner, wirklich keiner hatte mit etwas anderem gerechnet. Der Vertrag – dessen Hauptkonstrukteure Henry Kissinger (USA) und Le Duc Tho ([Nord-] Vietnam) erhielten für ihn den ¿Friedens?nobelpreis 1973 – war ein bloßer Vorwand, mit dem die USA sich aus dem Krieg zurückziehen konnten, der drohte, die Supermacht moralisch und ökonomisch in die Knie zu zwingen. Die Bevölkerung Saigons, so wurde kolportiert, begrüßte die Eroberer mit Jubel. Rund 20 Jahre lang hatten wechselnde Machthaber in Südvietnam meist, allerdings nicht immer im Interesse der USA eine Politik gegen die Mehrheit der Bevölkerung betrieben, die Bauern drangsaliert und umgesiedelt, die friedliche buddhistische Mehrheit benachteiligt und teils gar verfolgt.

101

In den nächsten Wochen, Monaten und Jahren zeigte sich, dass die Vorstellung, es gäbe »die Bevölkerung«, ein demokratischer Mythos ist wie »der Wählerwille«. Weit mehr als die wenigen tausend direkten südvietnamesischen Verbündeten, die die Armee der USA kurz vor dem Fall Saigons

084b Friedrich Hölderlin 1805, zit. n. Frankfurter Ausgabe, *Gesänge*, Frankfurt/M. 2000, S. 851.

79

in einer blamabel missglückten und dilettantischen Weise
evakuierte, waren nun nicht einverstanden mit dem neuen
Regime bzw. dies hat sie zumindest als Feinde eingestuft.
Rund zweieinhalb Millionen Menschen wurden inhaftiert,
hunderttausende exekutiert, zu Tode gefoltert oder kamen
bei Sklavenarbeit um.

102

Vietnam umgaben nur Staaten, die sich als mögliche Orte
der Zuflucht nicht eigneten, entweder weil sie mit Vietnam
verbündet waren oder in ihnen – wie in Kambodscha – ein
noch extremerer Staatskommunismus herrschte. Hunderttausende Menschen versuchten, über das Meer in andere
Gefilde zu gelangen. Es handelte sich um kleine, untaugliche
Boote, heillos überladen. Der Begriff *»boat people«* wurde
geprägt. Für einen Platz in solch einem Boot mussten einige
tausend Dollar gezahlt werden. Zynisch merkten die an, die
das Treiben sich aus sicherer Entfernung betrachteten und
sogleich zur moralischen Oberhoheit berufen fühlten, dass
sie, wenn sie denn das notwendige Geld aufgebracht hatten,
wohl »die Reichen« sein mussten.[085] Als ob jemand, der in
der Not ein paar tausend Dollar hinlegen kann, damit sein
Lebensrecht verwirkt. Und als ob man nicht auch an die
denken sollte, die Grund zur Flucht hatten, das Geld aber
nicht zusammen kriegten. Die Gesamtzahl aller, die hätten
fliehen wollen, muss um ein vielfaches größer gewesen sein
als die Zahl derjenigen, die tatsächlich es geschafft haben.

085 »Das Elend der ›*boat people*‹ kommentierte [Peter] Weiss mit dem
Hinweis, deren ›klassenmäßige Zugehörigkeit‹ gehe daraus hervor, ›daß
sie für den Einzelplatz noch ca. 6 000 Dollar aufbringen können‹.« Der
Spiegel 39/1979, S. 68. »Für das Linksblatt ›Konkret‹ ist die *Cap Anamur*
ein ›Schiff gegen Vietnam‹, das ›viele Schwarzhändler, Zuhälter und ehe-
malige Kollaborateure der US-Besatzer‹ rausholt.« Der Spiegel 43/1981,
S. 80.

Leichtfertig kann der Entschluss nicht gefällt worden sein.
Das Besteigen eines solchen Bootes war äußerst gefährlich.
Allein rund 250 000 Menschen kamen beim Fluchtversuch
auf dem Meer um. Und auch damals wurden wie heute die
Schlepper beschimpft und verantwortlich gemacht, als ob
nicht ein Regime, das einen solchen Schrecken verbreitet,
die Verantwortung trägt und eine Welt, in welcher Staaten
willkürliche Grenzen ziehen. — *Niemand hat die Absicht, ein*

103

Die westdeutsche Linke reagierte verstört und gespalten auf
das Phänomen der *»boat people«*. Rudi Dutschke, Galions-
figur alter Außer-Parlamentarischen Opposition und anti-
autoritärer Neuer Linker, der mit zynischen Transparenten
wie etwa »Schafft zwei, drei, viele Vietnam« demonstriert
hatte,[086] gab sich bitter enttäuscht darüber, dass diejenigen,
für deren Sieg und Frieden er jahrelang gestritten hatte, nun
sich als despotische Menschenrechtsverletzer entpuppten
(als ob er das nicht schon früher hätte wissen können).[087]
Ganz anders der Schriftsteller Peter Weiss. »Um das Leben
von 50 Millionen Menschen zu schützen«, ließ er verlauten,
»müssen einige Zehntausende, die die Nation gefährden, in
Gewahrsam gehalten werden.«[088] Mir war das entfallen und
ich habe das Zitat jetzt erst bei der Recherche für diesen
Kommentar wiedergefunden. Es erschüttert mich erneut.
Peter Weiss hatte nur zehn Jahre vorher das Theaterstück
»Die Ermittlung« veröffentlicht.[089] Es stellt den Auschwitz-

086 Che Guevara, *Schaffen wir zwei, drei, viele Vietnam!*, Berlin 1967. Der
Titel stammt wohlgemerkt von den Übersetzern Rudi Dutschke & Gaston
Salvatore. Originaltitel: *Mensaje a la Tricontinental.*
087 »Die Sozialisten in Hanoi beschuldigt Dutschke der ›Zerstörung aller
sozialistischen Ansätze‹.« Der Spiegel 39/1979, S. 68.
088 Zitiert nach: Der Spiegel 39/1979, S. 68.
089 Peter Weiss, *Die Ermittlung* (1965), Frankfurt/M. 2008.

Prozess dar. Die ganze Technik von Beschwichtigung und Verharmlosung, die Ideologie, für's Wohl der Masse müssten einige wenige geopfert werden, war ihm also gut bekannt. Allein, eine Übertragung von der vorgeblich rechten Seite, die die Nationalsozialisten darstellen, auf die linke Seite der kommunistischen Diktatur wollte diesem ideologisch Verblendeten nicht gelingen. Er bediente sich nun genau des Vokabulars, das er in seinem Stück entlarvt hatte. Allerdings überschlugen sich auch die damaligen Antikommunisten nicht in Solidarität mit den *»boat people«*. Die Menschen, die aus einem Staat flüchten, sind den Enthusiasten für das Staatsprinzip selbst dann suspekt, wenn dies ein feindlicher Staat ist. — *e Mauer zu errichten*. Walter Ulbricht 15. 6. 1961

104

Die *»boat people«* heute werden nicht durch vermeintlich »progressive« Staaten produziert, vielmehr durch die neo-traditionellen Islamisten, die allerdings in Punkto von Antikapitalismus und politisch-religiöser Intoleranz das genaue Abbild der kommunistischen Verfolgungen inszenieren. Die westlichen Staaten sind, vierzig Jahre nach der ersten Welle der *»boat people«*, noch weniger in der Lage, Flüchtlingsströme aufzunehmen, denn in den vierzig Jahren ist alles getan worden, um eine lebendige, offene Wirtschaft und Gesellschaft zu zerstören. Die heute Herrschenden haben die Offenheit und Toleranz zwar noch auf den Lippen, aber sie schützen *ihre* Grenzen mit Methoden, die der verflossenen Deutschen Demokratischen Republik alle Ehre machen. Wiederum beschuldigen sie die Schlepper, Ursache des Problems zu sein. Wiederum wird gehöhnt, weil für einen Platz in einem Seelenverkäufer Geld zu zahlen sei, werden es wohl nicht die Armen sein, die fliehen. Merke: Wer arm ist, den lassen wir verrecken. Den Reichen aber, den verachten wir.

Die Krone setzen die Antiislamisten der ganzen Tragik auf, die behaupten, in Opposition zu jenen heute Herrschenden zu stehen, aber eine noch härtere Gangart denen gegenüber anmahnen, die vor dem Islamismus und dem von diesem produzierten wirtschaftlichen und sozialen Elend flüchten. Während die Haltung der Herrschenden, wiewohl verwerflich, jedoch zumindest konsequent und verständlich ist, erschüttert und beunruhigt mich die verquere Logik der Antiislamisten so wie diejenige von Peter Weiss. Sie machen die Opposition lächerlich und unwirksam. — *Dein weißer Peter.*

106

Die Forderung nach direkter Demokratie war bis weit in die 1990er Jahre hinein das Projekt von linken Umstürzlern. Spätestens seit es in den letzten Jahren so erscheint, als ob weitere Einschränkungen des Asylrechts, härteres Vorgehen gegen Asylbetrüger und Wirtschaftsflüchtlinge, erleichterte Abschiebung usw., ein Ausstieg aus dem Euro, Widerstand gegen die Islamisierung und die Bürokraten in Brüssel, Verhinderung gleichgeschlechtlicher Ehen mittels Plebisziten, Volksabstimmungen usw. mehrheitsfähig werden könnten, hat sich eine rechte Außer-Parlamentarische Opposition die Forderung nach direkter Demokratie zueigen gemacht. Die etablierte Politik, die heute teilweise die Protagonisten der früheren linken Außer-Parlamentarischen Opposition beherrschen, reagiert in genau der gleichen Weise wie damals mit Entsetzen. Die Etikettierung als »Rechtspopulisten« oder gar »Rechtsextreme« war ehemals der Fahrschein ins politische Aus; diese Waffe ist inzwischen stumpf geworden. Linke wie rechte Befürworter einer direkten Demokratie preisen sie auf ähnliche Art, meist jedoch zu verschiedenen Zeiten oder Anlässen, als ein Instrument, den wahren Volkswillen durchzusetzen und die verkrusteten, bürokratischen und korrupten Eliten aller Parteien mattzusetzen, also das demokratische Versprechen einzulösen.

107

Aber. — Ist es denn wirklich besser, dass sich der Volkswille durchsetzt? Wenn wir das Wort *Volkswille* entmystifizieren, bedeutet es in Wirklichkeit, dass ein *Teil* des Volkes gegen einen *anderen* Teil des Volkes obsiegt, es sei denn, es läge Einstimmigkeit vor (und dann käme es auf die Modalitäten des Abstimmungsverfahrens nicht an). Für die Unterlegenen ist es kaum tröstlicher, dass in direkter Abstimmung der Mob über sie befindet, als wenn es ein einzelner Monarch oder Diktator oder wenn es eine Parteienoligarchie wäre. Das Klima von Unduldsamkeit kann nach einem Siege des angeblich ganzen und geeinigten Volkes sogar unheimlicher und bedrohlicher werden. — *¿Was wyhl denn das Volk?*

108

Denn. — Eine demokratische Mehrheit ist nicht schlechthin »*das* Volk« und schon gar nicht »*der* Volkswille«. Kein Volk besteht natürlicherweise aus Mehrheit und Minderheit. Es setzt sich zusammen aus Individuen und sozialen Gruppen, die gemeinsame Interessen, kulturelle Hintergründe und dergleichen verbinden. Ob Bäcker, Kaninchenzüchter, Fließbandarbeiter, Gläubige eine bestimmten Konfession, Lyrikliebhaber oder welche Gruppe auch immer: Selten nur stellt eine *per se* die Mehrheit. Mehrheiten werden vielmehr in dem demokratischen Verfahren *hergestellt*. Dabei spielt u. a. der Gruppendruck eine Rolle, vor allem aber die Angst, dass es einem Nachteile einbrächte, wenn »die Gegenseite ans Ruder kommt«. Alle vier Jahre können wir in den USA beobachten, wie Kandidaten, die zunächst bloß

84

lächerliche Figürchen darstellen, während der Schlussphase ein Klima der Hysterie verbreiten können, in welchem es der Wählerschaft so erscheint, als ginge ihre Welt unter, würde die oder der Andere Präsident*in. — *Trump drauf!*

109

Doch. — Auch sofern es bei einer bestimmten Hinsicht eine natürliche Mehrheit in einer Gegend oder in einem ganzen Land gibt, etwa ein dominantes religiöses Bekenntnis, ist nicht einzusehen, warum diese Mehrheit ein *Recht* haben sollte, die Minderheit unter ihre Gesetze zu zwingen. Dies wird schnell klar, wenn wir ein Land mit einer muslimischen Mehrheit betrachten. Zweifellos kann solch eine Mehrheit zum Beispiel für die Scharia als für alle gültige Rechtsgrundlage votieren. Sollten wir das aber als ihr *Recht* betrachten dürfen? Als den Volkswyhlen, der berechtigterweise sich per direkter Demokratie durchsetzen sollte?

110

Ein Problem der Demokratie besteht darin, dass stets abgestimmt wird von Nichtbetroffenen *über* die Betroffenen. Ob Heterosexuelle Scharia gegen Homosexuelle befürworten oder ihnen die Eheschließung verweigert sehen wollen, ob Besserbezahlte und Besserqualifizierte mit dem Mindestlohn den Arbeitslosen und den weniger Qualifizierten den Zugang zur Arbeit verbauen, ob Gesundheitsfanatiker den Übrigen die Laster verbieten wollen, ob Staatsangestellte über die Regulationen befinden, die in der privaten Wirtschaft gelten sollen: In der Demokratie geht es ausschließlich darum, dass das Wyhlvolk über Dinge sich auslässt, die es eigentlich einen feuchten Kehricht angehen. Alle meinen, zu jeder Frage nicht nur eine Meinung haben zu dürfen, sondern auch das *Recht*, sie zu entscheiden. Weder Sachkenntnis noch Betroffensein sind Kriterien für eine demokratische Abstimmung, sei sie indirekt über Parteien, sei sie direkt über eine einzelne Fragestellung in einem Plebiszit.

III

Die Hoffnung der liberalen Befürworter von Demokratie in der Aufklärung von Rousseau über Jefferson und Madison bis hin zu Ludwig von Mises und F. A. Hayek bestand darin, dass eine Mehrheit über die Einigkeit sich herstelle, Gegenseitiges In-Ruhe-Lassen zu institutionalisieren. Rousseau etwa sprach vom Allgemeinwillen als dem kleinsten gemeinsamen Nenner: »Seiner Natur nach strebt der Wille des Einzelnen nach Vorzügen, der allgemeine dagegen nach Gleichheit. Zieht man nun von den einzelnen Willensmeinungen das Mehr und Minder, das sich gegenseitig aufhebt, ab, bleibt als Differenzsumme der allgemeine Wille übrig.«[090] James Madison, speziell gegen die Gefahr, dass eine Sekte die politische Dominanz erlange: »Je kleiner die Gesellschaft, um so weniger unterschiedliche Parteien und Interessen werden sich in ihr finden. Die Erweiterung des politischen Rahmens wird eine größere Vielfalt von Parteien und Interessen umfassen; dann wird es unwahrscheinlicher, dass eine Mehrheit des Ganzen den Willen fasst, die Rechte anderer Bürger zu verletzen.«[091] Diese Hoffnung hat leider getrogen. Die liberalen Demokraten rechneten nicht ein, dass

---

090 J. J. Rousseau, *Gesellschaftsvertrag* (1762), II-3, Stuttgart 1958, S. 58.

091 23. 11. 1787. Zit. n. Gerald Myers (Hg.), *The Spirit of American Philosophy*, New York 1970, S. 78 ff.

092 Volksinitiative in der Schweiz, über die am 09. 02. 2014 abgestimmt wurde. Eine ⅔-Mehrheit entschied sich dagegen.

093 Den Sieg der Konservativen 2011 schrieben Beobachter u. a. auch dem Wahlversprechen zu, dass Abtreibung nur noch begrenzt erlaubt werden sollte. Die Gesetzesänderung wurde nach Protesten in der Bevölkerung im Herbst 2014 jedoch nicht umgesetzt. Ein Plebiszit fand nicht statt.

Mehrheiten massenpsychologisch und mit einer schlichten
Bestechung des Wahlvolkes durch »Vorzüge« – der Staat sei
»die große Fiktion, mit deren Hilfe alle sich bemühen, auf
Kosten aller zu leben«, wusste schon Frédéric Bastiat – von
den Staubsauger- ..., *äh* Staatsvertretern produziert werden.

112

Es gibt einen Aspekt, der einen Vorzug der direkten Demokratie ausmachen könnte, und der liegt in einer möglichen
Dezentralisation der Entscheidungen. Obwohl es durchaus
zu denken wäre, dass ein Volksentscheid etwa europaweit
ge-macht wird, haben Plebiszite die Tendenz zur lokalen
Redistribution der Macht. Diese wirkt der Zentralisierung
und Bürokratisierung entgegen, wenn nicht Halt ge-macht
wird bei der Rückführung der Macht Brüssels in nationale
Souveränität, sondern weitere Dezentralisation eine Chance
bekäme. Doch auch dann gilt: Es ist keineswegs sicher, dass
die lokalen Entscheidungen zugunsten der Freiheit aus-
fallen. Vielmehr sind Kommunalisierung (Verstaatlichung)
von Dienstleistungen und Verteilung von staatlichen Wohl-
taten auf lokaler Ebene wahrscheinlich. — *think local ...*

113

Der liberale Grundsatz, der Staat solle, egal auf welch eine
Weise entschieden werde, möglichst wenig entscheiden und
möglichst viel der Willkür der Bürger überlassen, wird im
politischen Tageskampf zu einer beliebigen Knetmasse,
wird seiner prinzipiellen Bedeutung entkleidet. Wer etwa
gegen Abtreibung ist, sich aber in der Minderheit sieht, tritt
vielleicht für die Initiative »Abtreibung ist Privatsache«
ein,[092] sodass sie zum Wenigsten nicht von der gesetzlichen
Krankenkasse bezahlt werde. Wenn es aber die Chance auf
eine Mehrheit gibt, wie unlängst in Spanien,[093] vergisst man

schnell die »Privatsache«: wyhl ein Gesetz verabschieden, das Abtreibung ganz verbietet. Wer glaubt, mit Hilfe eines Volksbegebens die Privatisierung eines Versorgungsunternehmens rückgängig machen zu können,[094] wird dies einsetzen. Geht es dann aber um die Frage der Zuwanderung und die Mehrheitsverhältnisse sind anders verteilt als gewünscht,[095] redet die gleiche Person davon, man dürfe dem Pöbel nicht erlauben, über Dinge zu befinden, die er nicht einschätzen könne.[096] Statt ob des Arguments in Empörung zu verfallen, sollte es ausgeschlachtet werden: Denn es ist ein Argument gegen *Dämonkratie* in jeder Form. — ... *act global*

094 Am 03. 11. 2013 scheiterte in Berlin knapp das Volksbegehren zu einer »Rekommunalisierung der Energieversorgung«, das mehr als fünfzig vorwiegend linke Organisationen unterstützt hatten; der Grund dafür war eine zu geringe Wahlbeteiligung, um das notwendige Quorum für die Verbindlichkeit zu erfüllen.

095 Nachdem in der Schweiz Volksentscheide gegen Massenzuwanderung erfolgreich waren, forderte die »Alternative für Deutschland« auch solche zu diesem Thema in Deutschland.

096 »Während die AfD lauthals ›Initiativen nach dem Schweizer Vorbild‹ fordert, verschweigt sie zugleich, wie niedrig die Stimmbeteiligung dabei in der Regel ausfällt. Im Falle der vielzitierten ›Initiative gegen Masseneinwanderung‹ stimmten im Februar gerade einmal 56 Prozent der Stimmberechtigten ab.« Simon Marti, *Volksentscheide: Traum aller Populisten*, Cicero online 16. 05. 2014. Das Argument ist richtig und kann noch ergänzt werden: Regional gesehen gab es sechs bzw. neun Kantone, die sich anders als die Gesamtschweiz entschieden haben. Hier erhebt sich die Frage, woher Kantone, in denen die Initiativen angenommen wurden, das Recht nehmen, die ablehnenden Kantone den eigenen Regeln zu unterwerfen. Aber: Das Argument wird selektiv gegen missliebig ausgefallene Abstimmungen erhoben. Im Prinzip spricht es nicht bloß gegen Volksabstimmungen, sondern überhaupt gegen die Demokratie, denn es gibt kaum je eine Regierung in der Geschichte freier Wahlen, die eine Mehrheit von allen wahlberechtigten Bürgern auf sich vereinigen konnte, wenn die Nichtwähler mitgezählt werden. »Wenn sich Grüne, Linke und SPD im Aufwind fühlen, dann ist Volksabstimmung gut. Ansonsten: Ist es übelster Populismus. Das Wort Volk ist in dem Kontext dann sogar so böse, dass es in Anführungszeichen gepackt werden muss.« Sofia Taxidis, *Volksabstimmungen: Es gibt gute und es gibt böse*, Tichys Einblick, 26. 06. 2015.

Diese Inkonsistenzen sind oft ein Gegenstand des Spottes, manches Mal der Empörung; wenn wir sie dagegen genauer betrachten, enthüllen sie eine erschreckende Tendenz des demokratischen Staats: Diejenigen, die für eine Begrenzung dessen eintreten, was der Staat entscheiden dürfe, befinden sich in diesem politischen Tagesgeschäft in der Minderheit. Sie befinden sich in der Minderheit und können bestenfalls mit juristischen Tricks eine Entwicklung verlangsamen, nie aber aufhalten. Die Mehrheit ist, solange sie politisch agiert, stets die, die für mehr Staat und damit für mehr Repression eintritt. — *Drawing the line ...*

Jede Behauptung, dass ein bedeutendes Ereignis nicht in der Form stattgefunden habe, wie der offiziellen Verlautbarung es entspricht, wird in den Medien gern als »Verschwörungstheorie« abgetan. Die Kennzeichnung von jemandem als Verschwörungstheoretiker heißt so viel wie: Was der sagt, ist nicht ernstzunehmen.

Die Frage, wie irgendein negatives Ereignis – ein Mord, ein Anschlag, ein Krieg – zustande gekommen sei und ob der tatsächliche Hergang mit der medialen Darstellung übereinstimme, ist eine kriminologische. Jedes Verbrechen, das geplant wird und an dem sich mehr als eine Person beteiligen, stellt eine »Verschwörung« dar. Die Aufklärung von einem Verbrechen – und sei es eines politisch motivierten – mit der Behauptung zu verweigern, bei der Forderung nach Aufklärung des Falles handle es sich um eine »Verschwörungstheorie«, ist unlauter. In ihrem Gegenzug vermuten die Verschwörungstheoretiker dann gern, dass die Medien, die die Aufklärung des infrage stehenden Falls unterdrücken, ihrerseits Teil der Verschwörung seien. Am Ende ist keine der beiden Seiten mehr an der Aufklärung interessiert und es geht nur noch um die Rechtgläubigkeit anstatt um die Wahrheit. Dem *Truther* reicht die eigene Vermutung zum Beweis, dem *Mainstreamer* ein Medienbericht.

116

Etwas ganz anderes als die Hypothese, einem Ereignis liege eine Verschwörung zur Täuschung der Öffentlichkeit zugrunde, ist die Behauptung, das ganze weltweite politische und sogar geschichtliche Geschehen, jedenfalls ein großer Teil von ihm, gehe auf das Wollen und Tun einer Gruppe von Verschwörern zurück. Dies ist in der Tat eine geschichts- und gesellschaftswissenschaftliche Theorie über das Gesetz der Bewegung von Politik und Historie. Die Verschwörungstheorie der Geschichte tendiert dazu, hermetisch, also nicht der Kritik zugänglich zu sein: Jedes Ereignis lässt sich als Ausdruck einer geheimen Agenda der Verschwörer deuten. Die Hermetik weist einen Riss und Schwachpunkt auf, nämlich den Verschwörungstheoretiker selber. Die Frage lautet, wie es möglich sei, dass er den genialen und allmächtigen Verschwörern auf die Schliche kommt und warum er noch nicht von ihnen entweder gekauft oder liquidiert wurde. Der Verschwörungstheoretiker selber ist ein lebendiger Beweis gegen die eigene Theorie.

117

Alles läuft nach Plan. — Als Theorie ist die Verschwörungstheorie schwach. Sie setzt voraus, dass es eine Gruppe von Menschen gebe, die über ein völlig harmonisches Interesse verfüge und über die Macht, dieses Interesse nach innen als Konformitätsdruck und nach außen als Repression konstant aufrecht zu erhalten. Es gibt keine Verräter in der Gruppe (bzw. gelingt es stets, sie auszuschalten noch vorm erfolgten

Verrat), auch stoßen sie auf keinerlei Schwierigkeiten bei der Umsetzung ihrer Agenda. Alles läuft nach Plan. Bis darauf, dass es da einen Einzelnen oder einen kleinen Personenkreis auf verlorenem Posten gibt, der das Spiel durchschaut. Die Erfahrung besagt allerdings, dass eine Verschwörung um so anfälliger für Verrat wird, je mehr Personen in sie verwickelt sind. Zudem wird jede Organisation um so anfälliger für Fehler, je umfassender ihr Geltungsanspruch ist. Andernfalls könnte ja auch Planwirtschaft gelingen. — *Schiksaal* ...

118

✡. — Ein spezielles Problem in Verschwörungstheorien als Erklärung für historische Abläufe stellt die Kontinuität der Gruppe der Verschwörer dar. Geheimhaltung, Weitergabe der Geheimnisse an die nächste Generation, ohne dass etwas nach außen dringt, Konstanthaltung und Homogenität der Interessen sind über längere Zeiträume hinweg kaum glaubhaft. Darum eignen sich die Juden gut für solche Verschwörungstheorien: Die Juden stellen in vielen Ländern eine teils wirtschaftlich und politisch einflussreiche Minderheit. Ihr wird die Kontinuität eines homogenen Weltbeherrschungsinteresses *qua* gleicher Abstammung und Religion unterstellt. Diese kollektivistische Unterstellung, aufgrund der Geburt ein Interesse eingepflanzt zu kriegen, ist eine ebensolche Zumutung wie diejenige, der arme Ostjude verfolge das gleiche Interesse wie der reiche Bankier und der eine Bankier das gleiche wie sein ärgster Konkurrent. Verschwörungstheorien, die statt *einer* weltweiten Gruppe zwei oder mehrere verfeindete Gruppen annehmen, enden noch früher im Selbstwiderspruch: Da keine der beteiligten Gruppen ein Interesse daran haben kann, dass die Machenschaften der Konkurrenz verborgen bleiben, sind der Möglichkeit zur Geheimhaltung engste Grenzen gesetzt. #kopp

Warum mit Verschwörungstheorien sich befassen? Sie sind Ideologie. Die politisch-wirtschaftlichen Schwierigkeiten der Welt führen sie auf die böse Absicht einer Gruppe von Verschwörern zurück. Hiermit wird verschleiert, dass die Schwierigkeiten unerwünscht, aber mit Notwendigkeit aus einem System folgen, welches durch Gewalt, Monopol, Zentralismus und Zwang beste Absichten in die schlechtesten Ergebnisse verwandelt. Verschwörungstheorien stellen Verschwörungen dar zugunsten der Herrschenden.

Selfies. — Die Fragen, wer JFK ermordet habe, ob der Tod von Marilyn Monroe oder Uwe Barschel auf Mord basiere, wer die Anschläge in Paris, auf das Word Trade Center oder Charlie Hebdo plante und ausführte, ob die Regierung der USA vorab von dem Angriff Japans auf Pearl Harbor wusste, ob das Tagebuch von Anne Frank gefälscht ist, die Zahlen der in KZs und im GULAG Ermordeten, der Hungertoten beim *großen Sprung nach vorn* historisch korrekt angegeben werden, ob in der Vorgeschichte oder gar noch in der Antike Außerirdische auf der Erde gelandet sind, ob es eine Innenwelt gibt oder drei Jahrhunderte im Mittelalter und Karl den Großen eben nicht gab, ob Chemtrails zur Vergiftung der Bevölkerung gesprüht werden und Aluhüte davor schützen, wer Shakespeare oder Jack the Ripper wirklich waren und welche Interessen dahinter stehen, sofern die offiziellen Versionen zu allen diesen Fragen Unstimmigkeiten aufweisen, sind kriminologischer Natur. Eine Theorie über die möglichen Täter oder über den Tathergang als »Verschwörungstheorie« zu klassifizieren, sagt in solchen Fällen nichts aus, denn nur Beweise und zur Not das sinnvolle Würdigen von Indizien können jene entscheiden. Bereits die Zusammennennung verschiedener und ganz unterschiedlich relevanter »Verschwörungstheorien« – wie ich sie soeben satirisch vorgenommen habe – erweckt den Eindruck, als ob jemand, der die offizielle Theorie zum Mord an Kennedy in Zweifel zieht, ebenso die hohe Zahl der Toten in Maos China und die Existenz von Karl dem Großen leugnen müsse oder als ob eine solche Verbindung gewisser Theorien wenigstens nahe liege. Aber – *die* Verschwörungstheorie gibt es nicht, vielmehr einzelne Hypothesen über eine Täterschaft bei bestimmten Ereignissen oder über verschleierte Fakten. Mit der Veralberung der Thesen durch sprachliche Assoziation von logisch nicht Zusammengehörigem machen es sich die Vertreter der jeweils offiziellen Darstellungen allzu leicht, kritische Fragen und Einwände vom Tisch zu wischen. In wessen Interesse dieses Verfahren liegt, ist nicht schwer auszumachen: Im Interesse all derer, die etwas zu verbergen und zu vertuschen haben. — *Unsere »Geheimnißfreundin« fetzt.*

121

Wer dagegen rituell alles, was an Bösem geschieht in dieser Welt, auf die Juden oder den Zionismus, auf die CIA oder den KGB, auf Rockefellers & Rothschilds, auf Bilderberger, Fabianer, Freimaurer, Illuminaten, Neoliberale, Satanisten, oder wer sonst sich anbietet, zurückführt, müsste, um glaubwürdig zu sein, zunächst Fragen zur Philosophie der Geschichte, zur Soziologie, Ökonomie, Psychologie und Biologie beantworten und seine Verschwörungstheorie mit den Erfahrungen menschlicher Gruppendynamik in Einklang bringen. Aber selbst hier gilt: Die als Abwertung und Verhöhnung gemeinte Bezeichnung »Verschwörungstheorie« sagt an sich noch nichts aus. Wer mehr nicht als Argument zu bieten hat, verliert zu Recht seine Glaubwürdigkeit zugunsten von Verschwörungstheorien. Nocheinmal: »Die«

93

Verschwörungstheorie gibt es auch in diesem Bereich nicht, vielmehr unterschiedliche Aussagen über das Bewegungsgesetz der Geschichte. Es kommt nicht darauf an, ob etwas eine Verschwörungstheorie ist, vielmehr ob die theoretische Aussage über das Bewegungsgesetz der Geschichte einer kritischen Prüfung standhält. Verschwörungstheorien über einen Kamm zu scheren, das hilft den wahren Verschwörern.

122

In Folge der Radikalisierung und Militanz der Abwehr von Flüchtlingen und Asylbewerbern in jüngster Zeit zeigte sie sich wieder, die *herrschende* Form an Verschwörungstheorie: Eine für Willkommenskultur offene – oder ihr zumindest indifferent gegenüberstehende – Bevölkerung werde durch einige wenige neonazistische Drahtzieher und Rädelsführer *verführt*. Geistige, verbaltätliche Brandstifter zu isolieren, mundtot zu machen, sie einzusperren, ihre Organisationen zu verbieten, kurz, die sonst so heiligen demokratischen Grundrechte auszusetzen, würde das Problem lösen: Die arglose Bevölkerung muss vor der Verführung durch das »Pack«[096a] geschützt werden. Der NPD als einzig allgemein bekannter rechter Organisation hat diese Verschwörungstheorie, die in der Forderung nach einer Neuauflage des schmählich gescheiterten Verbotsantrags[096b] kul-minimiert, eine ungeahnte Publicity verschafft, auf die aufbauend die Partei, die dabei war, sich selber zu zerlegen, wieder eine Führungsrolle in der rechten Szene anstreben kann.

096a *»[Sigmar] Gabriel über Rassisten in Heidenau: ›Das ist Pack‹«*. Zit. nach Spiegel Online 24.08.2015.
096b Ein 2001 von der Bundesregierung eingereichter Antrag zum Verbot der NPD wurde 2003 abgelehnt, nachdem die massive Durchsetzung der NPD-Führungsspitze mit V-Leuten bekannt wurde. Seit 2012 läuft ein Verbotsantrag des Bundesrats. Infolge von Eskalationen in der »Flüchtlingsfrage« ist das öffentliche Interesse an einem Verbot wieder aufgeflammt.

Eine solche herrschende Verschwörungstheorie gab es schon einmal. In den 1960er und 1970er Jahren wurde von den gleichen Medien, die heute die NPD für alle Ausländerfeindlichkeit namhaft machen, verbreitet, anti-autoritärer Protest von Schülern und Studenten sei nur das Machwerk linker Agitatoren, gar ausländischer Mächte, der Stasi oder des KGB. Ohne diese Agitatoren wären alle Protestler glücklich und zufrieden geblieben. Heute, wo die damaligen Protestler in hohen Rängen von Politik, Verbänden, Wirtschaft und Medien sich befinden, wird die Verschwörungstheorie des vormaligen Mainstreams durch rechtsliberale Kritiker konserviert. — *Contrarians kopieren die p. c.*

Obwohl der Begriff des »Verschwörungstheoretikers« ausschließlich pejorativ verwendet wird, ist es allgemein üblich, gegnerischen Protest und generell gegnerisches politisches Tun als Ergebnis einer Verschwörung darzustellen, wogegen gutgeheißener Protest legitim, spontan und selbstbestimmt ist. Der Sturz Präsident Allendes 1973,[097] die Urkatastrophe im Bewusstsein der demokratischen Linken, war nach deren Meinung das Werk ausschließlich der Ränkeschmiede des CIA. Die Bevölkerung in Chile galt als hoch zufrieden mit ihrem Präsidenten. Solche Rechtsliberalen, die dem Putsch des Generals A. Pinochet durchaus Positives abzugewinnen vermochten, lasten den Sieg von demokratischen (oder auch

097 Salvador Allende (1908-1973), ab 1970 demokratisch-sozialistischer Präsident von Chile. Proteste der Bevölkerung, vor allem fortgesetzte Streiks von selbstständigen Fernfahrern, bereiteten den Militär-Putsch durch Augusto Pinochet (1915-2006) vor. Pinochet regierte diktatorisch, zu Beginn mit blutigem Terror, bis 1990, die wirtschaftliche Lage jedoch entspannte sich in einer Weise, dass nach der Rückkehr zur Demokratie niemand sich die Zustände vor dem Putsch wünschte.

undemokratischen) Linken wie Allende ihrerseits einer Verführung des Volks durch »Agitatoren« an. Das Volk hatte keinen Grund zum Protest oder nach einem Wandel sich zu sehnen. So geht es in der Geschichte der Konflikte fort und fort. Auch in der Ukraine sind es bekanntermaßen nur die russischen Provokateure, die eine Region zum Separatismus drängen, obwohl die Bevölkerung sich sehnlichst wünscht, im ukrainischen Staat zu verbleiben. Oder eben es sind böse Maidanfaschisten,[098] die eine Bevölkerung aufstacheln, die nichts lieber möchte, als zurück unter die Knute der Russen.

125

Egal, um welch eine Form von herrschender Verschwörungstheorie es sich handelt, eins sollte doch zu denken geben: Wie schaffen es die Agitatoren, die Geheimdienstler, die Provokateure, eine Bevölkerung, die das Gute doch so sehr will, ihm wenigstens nicht sich entgegen stellt, vom rechten Weg abzubringen? Warum also lässt diese Bevölkerung sich »verführen«? Warum verteidigt sie nicht die Ordnung, die ihr nützt, die sie schätzt und zu der sie keine bessere Alternative sich denken kann? Wenn tatsächlich es gar keine Probleme gäbe, blieben diese Fragen ohne Antwort. Was auch immer der Inhalt von Protesten ist, wer auch immer sie anheizt oder politischen Vorteil aus ihnen zu ziehen trachtet, wir können soziologisch gesehen davon ausgehen, dass reale gesellschaftliche Probleme ihnen zugrunde liegen. Der Bevölkerung müssen sie sich als so drängend darstellen, dass sie die Schwelle überschreitet von »die Faust in der Tasche ballen« zu »mit der Faust auf den Tisch hauen«.

098 Gleichsetzung der vom Maidan-Platz in Kiew ausgehenden Proteste, die Ende 2013 bis zum Anfang 2014 die pro-russische, anti-europäische ukrainische Regierung stürzten, und solcher faschistischen Kräfte, deren ukrainischer Nationalismus positiv erinnert an die Kollaboration mit der deutschen Besatzung im Zweiten Weltkrieg.

Für die herrschende Klasse ist es ein glücklicher Umstand, dass weder die Außer-Parlamentarische Opposition noch die oppositionellen parlamentarischen Parteien, egal ob von links oder von rechts, je begreifen, wo die Ursache der Probleme liegt. Sie verorten die Ursache in einer Schwäche des Staats – der Staat wehrt die Flüchtlinge nicht ab, der Staat verhindert die Islamisierung nicht, der Staat tut nicht genug für den Umweltschutz, der Staat sorgt nicht für soziale Gerechtigkeit oder was auch gerade der angesagte Inhalt ist – und sehen die Lösung des Problems in seiner Stärkung. Wer auch immer die politischen Auseinandersetzungen gewinnt, diejenigen, die von den Staatstätigkeiten profitieren, ziehen ihren Nutzen daraus. Ihr Wohlstand und ihre Macht werden zu keinem Zeitpunkt in Frage gestellt und gefährdet.

Im Prinzip hat sich nichts geändert, seit der junge Karl Marx resigniert das Folgende notierte: »Wo es politische Parteien gibt, findet jede den Grund eines jeden Übels darin, dass statt ihrer ihr Widerpart sich am Staatsruder befindet. Selbst die radikalen und revolutionären Politiker suchen den Grund des Übels nicht im Wesen des Staats, sondern in einer bestimmten Staatsform, an deren Stelle sie eine andere Staatsform setzen wollen. [...] Sofern der Staat soziale Missstände zugesteht, sucht er sie entweder in Naturgesetzen, denen keine menschliche Macht gebieten kann, oder in dem Privatleben, das von ihm unabhängig ist, oder in der Zweck-Widrigkeit der Administration, die von ihm abhängt. So findet England das Elend in dem Naturgesetz begründet, wonach die Bevölkerung stets das Subsistenzmittel überschreiten muss. Nach einer andern Seite hin erklärt es den Pauperismus aus dem schlechten Willen der Armen, wie ihn

der König von Preußen aus dem unchristlichen Gemüt der
Reichen und wie ihn der Konvent [der Französischen Revolution, 1792-1795] aus der konterrevolutionären verdächti-
gen Gesinnung der Eigentümer erklärt. England bestraft
daher die Armen, der König von Preußen ermahnt die
Reichen, und der Konvent köpft die Eigentümer. Endlich
suchen alle Staaten in zufälligen oder absichtlichen Mängeln der Administration die Ursache, und darum in Maß-
regeln der Administration die Abhülfe seiner Gebrechen.
Warum? Eben weil die Administration die organisierende
Tätigkeit des Staats ist. [...] Die klassische Periode des ›politischen Verstandes‹ ist die Französische Revolution. Weit
entfernt, im Prinzip des Staats die Quelle der sozialen Mängel zu erblicken, erblicken die Heroen der Französischen
Revolution vielmehr in den sozialen Mängeln die Quelle politischer Übelstände.«⁰⁹⁹ — *Karl M. Rothbard.*

128

Nun ist Marx selber nicht ganz unschuldig hieran, dass die
Einsicht, der Staat sei die eigentliche Ursache der sozialen
Probleme, sich nicht zu etablieren vermochte. Oft genug hat
er den Staat als *das* Instrument der Durchsetzung legitimer
Interessen angerufen, wenig deutlich und klar hat er sich von
den etatistischen Forderungen seine Freundes Friedrich
Engels abgegrenzt, nur halbherzig von der Programmatik
der sich auf ihn berufenden Sozialdemokratie distanziert.
Dennoch ist es ein schlechter Witz der Weltgeschichte, dass
zumindest die linke Seite sowohl des etatistischen Mainstreams als auch des »revolutionären« Protests mit ihrer
Instrumentalisierung des Staats für ihre Zwecke meint, sich
auf Marx berufen zu können.

099 1844, MEW 1, S. 401f.

Wer nicht erreichen kann, was ihm sich als sein Ideal vorstellt, wählt das unter den gegebenen bzw. zu erreichenden Möglichkeiten in seinen Augen kleinere Übel. Die Position des »Alles oder Nichts«, das Beharren auf 100 %iger Umsetzung des eigenen Ideals macht handlungsunfähig. Dies ist die Regel in einer nicht-perfekten Welt. Allerdings muss durchaus jeweils untersucht werden, was das »kleine« Übel sei, was an Möglichkeiten »gegeben« bzw. »zu erreichen« (durchsetzbar) ist. In der gegenwärtigen Diskussion über die Flüchtlingskrise nimmt die Regel der Wahl des kleineren Übels oft die Form an, da der Sozialstaat – »in vorhersehbarer Zeit« – nicht sich abschaffen ließe, müssten, um Freiheit und Eigentum zu verteidigen, die Landesgrenzen gegen die »Flüchtlingswelle« abgeschottet werden.

Aber auch die Schließung der Landesgrenzen ist nicht unmittelbar zu erreichen. Sie könnte nur durch ein politisches Handeln durchgesetzt werden (etwa die Wahl einer anderen Regierung). Wenn es zur Wahrung – oder besser: Wiedererlangung – von Freiheit und Eigentum nicht durchsetzbar zu sein scheint, den Sozialstaat abzuschaffen, scheint es also notwendig zu sein, zu der Durchsetzung von geschlossenen Grenzen eine Koalition mit anderen, nicht an Freiheit und Eigentum orientierten Kräften einzugehen. Die Frage lautet dann, inwiefern man etwas für Freiheit und Eigentum gewänne, wenn die Koalitionspartner sich durchsetzten. Die eine Quelle der Gefährdung der Freiheit und des Eigentums wäre vielleicht abgedichtet, an einer anderen Stelle jedoch brächen neue Gefährdungen auf. Das kleinere Übel wäre das nur, wenn die neue Gefährdung nicht so groß ausfiele wie die alte. Mögliche Szenarien:

1. Die Koalitionspartner kämpfen *gegen* die Einwanderung und *für* den Sozialstaat. Hier ginge es dann gar nicht um ein kleineres Übel, sondern darum, das Ziel ganz aus dem Auge zu verlieren. Keine gute Idee.

2. Die Koalitionspartner kämpfen gegen die Einwanderung *und* gegen den Sozialstaat. Hier steht der Ausgangspunkt zur Disposition, der Sozialstaat sei nicht abzuschaffen. Vielmehr gilt er ja als angreifbar.

131

Zusätzlich versteckt sich eine handlungsunfähig machende Alles-oder-Nichts-Position in jener Hypothese, der Sozialstaat sei, in vorhersehbarer Zeit, nicht abzuschaffen. Selbst wenn der Sozialstaat nicht komplett abgeschafft werden kann (ausgenommen etwa in revolutionären Situationen), läge es durchaus im Bereich politischer Möglichkeiten, ihn zu reduzieren. Gerade, was die Problematik der Flüchtlinge und anderer Einwanderungswilligen betrifft, ist es gar nicht notwendig, den Sozialstaat komplett abzuschaffen, sondern es würde auch eine gewisse Reduzierung ausreichend sein, um die Einwanderung sozialverträglich zu ermöglichen.

132

Thomas. — Zudem gäbe es kreativere Forderungen, welche der Verteidigung von Freiheit und Eigentum in Zeiten von Flüchtlingsströmen dienen, anstatt den Staat aufzufordern, mit Grenzzäunen und Militärgewalt »uns« abzuschotten und auf diese Weise mit den »bösen« Einwanderern auch die »guten« Flüchtlinge abzuhalten, etwa auf eine alte und höchst aktuelle Idee des heiligen Thomas von Aquin aus dem Mittelalter aufzugreifen: Er vertrat die Überzeugung, dass ein Fürst, der die Straßen nicht sicher machen und nicht vor Verbrechen schützen könne, verpflichtet sei, die Steuern zurückzuzahlen. »Den Fürsten ist die öffentliche Macht anvertraut, damit sie Wächter der Gerechtigkeit seien. Und darum dürfen sie nur zur Aufrechterhaltung der Gerechtigkeit Gewalt oder Zwang anwenden, also zur Abwehr von Feinden oder zur Bestrafung von Übeltätern. Was auf diese Weise mit Gewalt weggenommen wird, ist kein Raub, weil es nicht gegen die Gerechtigkeit verstößt. Wenn jedoch gegen die Gerechtigkeit einige mit öffentlicher Macht anderen etwas abnehmen, handeln sie unerlaubt und begehen einen Raub; dann sind sie zur Rückerstattung verpflichtet. Darum sind auch sie zu einer Rückerstattung verpflichtet wie jeder Dieb«.[100] Dass zur Abwehr (oder zur Wiedergutmachung) von Verbrechen ggf. Gewalt und Zwang einzusetzen sind, ist wohl bei allen unumstritten, die nicht naiv davon ausgehen, dass unter der Bedingung von Freiheit alle Menschen friedlich miteinander leben. Die Sensation an der Argumentation von Thomas, immerhin wichtiger Lehrer der katholischen Kirche, vor rund 750 Jahren ist doch, dass er ein konkretes Vertragsverhältnis zwischen Staat (Fürst) und Steuerzahler mit Geld-zurück-Garantie setzt, kein abstraktes wie in der modernen Staatstheorie. Damit kommt er dem Ideal des Anarchokapitalismus schon recht nahe, näher als jeder heutige Minimalstaatler allemal; und dies wäre ein Extrablatt wert.

133

Man könnte, um ganz vorsichtig zu beginnen, heute fordern, dass bei Steigerung der Kriminalität – etwa bei Wohnungseinbrüchen, Raubüberfällen, Körperverletzungen, Morden – die Lohn- und Einkommenssteuern um einen gewissen Betrag gekürzt werden können. (Es geht bei dieser Forderung nicht um eine wohlfeile nach Verschärfung der Strafen, vielmehr nach besserer Prävention.) Das würde diejenigen, die

100 *Summa theologica*, II-II, 66-8.

Freiheit und Eigentum professionell und im großen Maßstab bedrohen, die Vertreter des Staats, sicherlich in eine weit stärkere Aufregung versetzen, als ihnen anzutragen, ihre Maschinerie von Repression in Gang zu setzen und die Grenzen zu sichern. Und die Bürger können nicht verlieren: Wenn der Staat nicht spurt, hätten sie dann ja genug eigene Mittel, um die Sache selber in die Hand zu nehmen.

134

Wenn es den politischen Kräften, die Freiheit und Eigentum verteidigen, nicht gelingt, bezogen auf die Reduzierung des Sozialstaats wirksam zu werden, fragt es sich, was sie bezogen auf eine Koalition mit Kräften erreichen können, die geschlossene Grenzen durchsetzen wollen. Denn in jeder Koalition hat man nur so viel Gewicht, wie man an gesellschaftlichem Einfluss in die Wagschale zu werfen vermag. Wer keine Wirksamkeit nachweist, wird auch wenig Gehör bekommen, sondern einfach als bedeutungsloses Fußvolk dienen. Die eigentlichen Drahtzieher freuen sich zwar über jeden, der sich einreiht, werden aber wenig Neigung zeigen, ihn zu dulden, sobald er aus der Reihe tanzt. #schäferhunde

135

Mit jener Hypothese, der Sozialstaat sei auf absehbare Zeit nicht anzugreifen, stellen sich die Verteidiger von Freiheit und Eigentum als unwirksam dar. Wenn sie unwirksam sind, ist es auch egal, welche Position sie in der Flüchtlings- und Einwanderungsfrage einnehmen und mit wem sie koalieren. Wenn sie dagegen wirksam sind, sollten sie Freiheit und Eigentum verteidigen. Der kleinste Schritt ist zu begrüßen. Aber er muss in die richtige Richtung führen, nämlich Freiheit und Eigentum tatsächlich besser schützen, das heißt den Staat abbauen, nicht ihn verstärken.

IV
Die autonome Mehrheit für den Staat
AM BEISPIEL GRIECHENLANDS

136

»Radikal links« nannte sich der Wahlsieger Anfang 2015 in Griechenland, hierzulande meist abschwächend als »Linksbündnis« bezeichnet. Das Auffällige an Syriza jedoch ist,[101] dass diese Partei weder in der Tradition des klassischen Kommunismus vom Anfang des 20. Jahrhunderts steht, der eine auch formal vollständige Enteignung anstrebte, noch in der der anti-autoritären Neuen Linken von der Mitte des 20. Jahrhunderts, die sogar durch eine gewisse Skepsis gegen zentralstaatliche Institutionen sich auszeichnete. Syriza hat eine ganz andere soziologische Charakteristik. Die Wählerschaft stammt vor allem aus der Mittelschicht, aber aus jener Mittelschicht, welche ihr Einkommen über staatliche oder staats-nahe Quellen bezieht. Diese Mittelschicht ist von der Schuldenkrise des Staats besonders bedroht. In allen Demokratien setzen sich die Volksvertreter zusammen vornehmlich aus Berufspolitikern, die nie etwas außer der Politik getrieben haben, Beamten, Juristen, Lobbyisten und anderen staats-nahen Professionen. In Griechenland nun hatte der Staat durch den Wahlsieg Syrizas eine gleichsam autonome Mehrheit erlangt: Bezieher von Steuergeldern wurden durch

---

101 ΣΥΡΙΖΑ, linkes Parteibündnis in Griechenland ab 2004, Wahlsieg 2015. Die Auslöser für diesen erdrutschartigen Sieg waren die Finanzkrise des griechischen Staats und die Sparauflagen, die die EU an eine Rettung desselben durch Transferzahlungen geknüpft hatte.

Bezieher von Steuergeldern gewählt, ohne auf die Koalition mit den Produzenten des Wohlstandes angewiesen zu sein.

137

Diese »autonome« Mehrheit kommt in Griechenland besonders einfach zustande durch eine Verfahrensregel der Wahl, die Linken, welche von demokratischer Legitimation, Chancengleichheit oder sozialer Gerechtigkeit sprechen, eigentlich die Haare zu Berge stehen lassen müsste: Jene Partei mit der höchsten Stimmenzahl kriegt zusätzlich einen Packen an Gratissitzen im Parlament. — *»Schiri ... Telefon!«*

138

Wenn auch diese demokratische Besonderheit in Griechenland es dem staatsabhängigen Mittelstand leicht macht, die Macht zu ergreifen, stehen ähnliche Phänomene in weiteren entwickelten Ländern ebenso noch bevor. Im Spätetatismus hat der Staat eine so große Zahl von Abhängigen geschaffen, dass sich eine wachsende Bevölkerungsschicht keine Alternative zu einer ständigen Erhöhung von Staatsausgaben mehr denken kann. Auf Krisen reagiert diese Schicht nicht mit der Suche nach außer-staatlichen Alternativen, sondern mit umso erbitterterem Festhalten am Bestehenden. Insofern ist Syriza eine zutiefst konservative Bewegung. Nicht nur das. Wenn das Bestehende aufgrund von seinen inneren Widersprüchen ins Wanken gerät, wandelt der konservative Impuls sich in einen reaktionären: Kennzeichnend für den Faschismus war, entgegen dem Kommunismus eben keine Enteignung, sondern formal die Wahrung der Besitzverhältnisse zu versprechen. Das Mittel, um die Besitzverhältnisse zu stabilisieren, bestand in Abschaffung der Marktdynamik und damit in Aufhebung der wirtschaftlichen Freiheit, der faktischen Verfügungsrechte übers Eigentum.

Auf der anderen Seite ist es verständlich, dass ein Großteil der griechischen Wähler unzufrieden mit einer Situation ist, in der Entscheidungen über die griechische Politik nicht durch die von den Wählern bestimmten Vertreter, sondern in Brüssel gefällt werden. In dieser Hinsicht gehört Syriza der gleichen Bewegung an wie auch die AfD: Die entfernte, schlecht bis gar nicht demokratisch legitimierte und kaum kontrollierbare, undurchsichtige Bürokratie der EU macht Angst. Sie erzeugt bei den Wählern ein noch stärkeres Gefühl der Ohnmacht, als es die zentralstaatlichen Bürokratien in den Mitgliedsländern sowieso schon getan hatten.

Jedoch auch die Rückkehr zu einer nationalen Souveränität ist nicht ohne Weiteres ein zukunftsträchtiger Weg. Die Einführung des Euro folgte der Logik der zunehmenden Staatstätigkeit. Die Konkurrenz der nationalen Währungen hatte den Möglichkeiten, den Hunger des Staats auf mehr und mehr Geld billig durch dessen Inflationierung zu stillen, zumindest gewisse Grenzen gesetzt. Das gemeinsame Interesse der Regierungen, die die Eurozone geschaffen haben, bestand darin, die Grenzen der Geldmengenausweitung zu verschieben. Dieses Interesse ist nicht hinfällig. Im Gegenteil: Die Lösung der Krise sehen etablierte Kräfte ebenso wie linke oder rechte Protestbewegungen in einer verstärkten Staatstätigkeit – bereits ein Einfrieren des Staats auf den Status quo seiner Tätigkeit wird ja gemeinhirn als raubtierkapitalistischer Neoliberalismus diskreditiert. #p.bourdieu

Eine Rückkehr zu nationaler Souveränität und nationalen Währungen wäre ohne ein extrem deutliches Zurückstutzen des Staats gar nicht machbar. Insoweit die gegen die EU und speziell gegen den Euro gerichteten Bewegungen Wählerpotenzial aus der verunsicherten, staatsabhängigen Mittelschicht beziehen, sind von dieser Seite aus keine Pläne für eine Entstaatlichung zu erwarten. Darum war es unwahrscheinlich, dass Syriza Griechenland wirklich aus der Eurozone hinausführen, sondern mit dem Säbelgerassel eine gute Ausgangsposition für die Verhandlungen schaffen wollte.

142

Weil Syriza Erfolg damit gehabt hatte, durch die drastischen Forderungen Entgegenkommen zu erpressen, und weil die nächste Krise nicht zu schnell katastrophale Folgen für die staatsabhängige Mittelschicht zeitigte, wird dies ähnlichen Strategien in anderen Ländern Auftrieb geben. In Spanien läuft sich die neue Partei Podemos warm.[102] In Deutschland allerdings wird der Syriza- und möglicherweise Podemos-Erfolg nicht der Linken nutzen, wie diese jetzt wohl hofft, vielmehr den sogenannten (durch die etablierte Politik noch übel beleumundeteren) Rechtspopulisten. Solange aber die Fixierung auf den Staat und dessen »Lösungen« nicht überwunden ist, sind auch die Rechtspopulisten Teil der gleichen Bewegung und Teil des gleichen Problems wie die ▶ Linken.

143

Einen Ausweg aus der Spirale von Krise, Links- bzw. Rechtspopulismus und zunehmender staatlicher Repression würde nur erreicht, wenn sich die Einsicht durchsetzt, dass es ein gemeinsames Interesse gibt, die Staatstätigkeit zugunsten der wirtschaftlichen, sozialen und politischen Freiheit deut-

102 Podemos, eine spanische Bewegung nach dem Vorbild von Syriza, die Mitte 2014 gegründet wurde und bei Wahlen erste Erfolge erzielte (Stand Dezember 2015).

lich zurückzufahren. Eine derartige Einsicht erst könnte das gegenseitige Ausspielen der Interessengruppen überwinden. Vor der Einsicht in das gemeinsame Interesse an »weniger Staat wagen« steht *noch* die Angst der herangezüchteten Masse der Staatsabhängigen vor Freiheit. Noch.

144

Auf der Suche nach Geldquellen war die Regierung Griechenlands auf die alte Idee verfallen, verstärkt wieder die Rückzahlung eines vom Dritten Reich erhobenen Zwangskredits zu fordern. Die Forderung, die bereits seit einiger Zeit im Raum steht, ist für die beiden Staaten bitter ironisch. Die BRD hat sich nach dem Zweiten Weltkrieg, anders als die DDR, ausdrücklich als *Erbin* des Dritten Reiches eingesetzt. Dies war der Winkelzug, um zu verhindern, dass die völkerrechtliche Anerkennung der BRD zugleich eine solche der deutschen Teilung bedeutete: Bloß auf diese Weise konnte der sogenannte Alleinvertretungsanspruch der Bonner Republik aufrecht erhalten bleiben. Wer aber ein Erbe antritt, erkennt damit auch automatisch die Schulden des Erblassers an und muss sie, wenn sie denn gerechtfertigt sind (was im Falle des Zwangskredits umstritten ist), zurückzahlen. Für den griechischen Staat war die Ironie gegenwärtiger: Indem er die BRD aufforderte, eine geerbte Schuld zurückzuzahlen, hat er implizit auch den Schuldendienst anerkannt, den eine frühere Regierung gegenüber der EU zugesagt hat.

145

Der Verweis der BRD darauf, dass der so genannte ›Zwei-plus-Vier-Vertrag‹[103] von 1990 keine weiteren Reparationen

103 Zwei-plus-Vier-Vertrag, Herbst 1990 geschlossen zwischen der BRD, der DDR sowie Frankreich, der UdSSR, Großbritannien und den USA, machte den Weg frei für die Wiedervereinigung Deutschlands.

vorsehe, hat es ebenfalls in sich: 1. ist die Rückzahlung eines
Kredits ja wohl keine Reparation, 2. war Griechenland am
Vertrag nicht beteiligt. Wie aber können *andere* Staaten *für*
Griechenland auf *irgendetwas* verzichten? #kopftisch

146

Griechenland allerdings hätte bei einer Rückzahlung jenes
Zwangskredits durch die BRD einen schlechten »Deal«
gemacht. Politisch wäre sie ohne eine Unterwerfung unters
Diktat der EU nicht zu haben gewesen. Während das Geld
der Rückzahlung an Günstlinge weitergereicht, schnell ver-
sickert sein würde, währte die Unterwerfung länger ... *ewig.*

147

Dass die griechische Regierung bei der Suche nach Quellen,
um den Hunger ihrer Klientel auf Geld zu stillen, solch einer
Einmalzahlung verfallen war, zeigte vor allem dies eine: Sie
hatte in keiner Weise daran Interesse, eine Unabhängigkeit
gegenüber der Europäischen Union zu erlangen und durch
Reformen im Inneren die eigene Wirtschaft zu befähigen,
dass sie genügend Werte schafft, um den Eigenbedarf selber
decken zu können. Wäre dies ihr Ziel gewesen, hätte sie
Pläne entwickelt, um die nationale Souveränität wieder herzustellen. Das ganze Agieren der griechischen Re[a]gierung
war auf politisches Taktieren und aufs Erpressen von Transferzahlungen gerichtet. Doch warum ließen die Partner-
länder der Europäischen Union, warum ließ die BRD sich
erpressen? Die Annahme, die Europäische Union und die
BRD hätten wider die eigenen Interessen gehandelt, klingt
wenig überzeugend. Letztendlich gilt zwischen den Staaten
die gleiche Illusion wie in den Staaten, nämlich dass es möglich sei, auf Kosten der Anderen zu leben. Jeder kalkuliert
oder hofft wenigstens, mehr zu kriegen, als er gibt.

Diejenigen, die im Kampf gegen die zentrale Behörde der Europäischen Union, deren Zentralbank nämlich, Autos und anderes Eigentum von Menschen beschädigen, welche nicht nur keinen Anteil an dieser Bank haben, sondern wahrscheinlich selber zu deren Opfern zählen, handeln analog zum Staat. Ihre Gewalt erscheint roh und barbarisch, genau wie die Gewalt des Islamischen Staats roh und barbarisch wirkt, wogegen die Staaten, in denen die Scharia herrscht, zwar mehr Menschen umbringen, das Völkerrecht aber auf ihrer Seite haben, oder wogegen die Staaten, die die Opfer des Islamischen Staats rächen, indem sie wahllos Menschen bombardieren, die Moral für sich reklamieren können. Wenn einer das Gleiche macht wie ein anderer, ist es völker- und staatsrechtlich noch lange nicht dasselbe. Die Schäden, die die Randa[ver]lierer von Blockupy[104] in Frankfurt anrichteten, sind für jene, die es traf, katastrophal, verglichen aber mit dem, was die EZB anrichtet, Kleinkram.

Dies rechtfertigt Blockupy nicht. Denn tatsächlich richtet Blockupy sich kaum gegen die EZB, vielmehr deren Opfer. Dass die Opfer sich ihrerseits nun gegen Blockupy wenden, ist verständlich. Sie solidarisieren sich mit den Tätern der EZB, die den Vorteil bieten, kalkulierbar und kultiviert zu sein; »*the sanction of the victims*« ist rational, solange die »Opposition« weniger Freiheit bietet als die Herrschenden.

---

104 Seit »Occupy Wall Street« (Besetzt die Wall Street!), eine linke (nach anderer Lesart: rechte) anti-kapitalistische, zumeist jedoch »bürgerliche« Protestbewegung in den USA im Herbst 2011, sind ähnlich klingende Bezeichnungen in Mode gekommen. »Blockupy« siedelt eher in einem links-autonomen Milieu und organisierte im Frühjahr 2015 eine Demonstration gegen die Eröffnung des Neubaus der Europäischen Zentralbank in Frankfurt am Main, in deren Verlauf es zu heftigen Ausschreitungen kam.

Die verheerende Folge der Blockupy-Randale besteht darin,
dass sie die Kritik an der Europäischen Zentralbank sowie
an allen übrigen Institutionen der Union lächerlich macht.
Die Randale versorgt den Staat mit frischer Legitimität. An
dieser Stelle trafen sich die Randalierer auf den Straßen von
Frankfurt mit denen, die es bis in die Regierung Griechenlands geschafft haben. Die griechische Re¡gier!ung machte
aus der Rückzahlung von Staatsschuld eine Geldquelle für
Staatsprofiteure. Damit wurde die Verpflichtung des Staats,
seine Schulden zurückzuzahlen, eine Lachnummer. Demgegenüber wäre die Forderung der griechischen Regierung
als Präzedenzfall anzusehen, der Staat müsse eingegangenen
Verpflichtungen den Bürgern gegenüber nachkommen.

Cops gegen Blockupy, BRD gegen Griechenland — da stehen
nicht die gut bürgerlichen Verteidiger des Eigentums gegen
die bösen Enteigner, sondern Profis der Enteignung gegen
Amateure. Bertolt Brechts Zeile aus der »*Dreigroschenoper*«
ist aktuell wie je: »Was ist ein Einbruch in eine Bank gegen
die Gründung einer Bank?«[105] Einer Zentralbank ...

¿Werden sich die Amateure durch Brecht oder durch Marx
überzeugen lassen?, dass sie die falschen Gründe für ihren

---

105 Bertolt Brecht, *Die Dreigroschenoper* (1931), in: Ausgewählte Werke in
sechs Bänden, Band 1, Frankfurt/Main 1997. S. 267.
106 »Erstlich erreichet dein Schiff die Sirenen; diese bezaubern | Alle sterb-
lichen Menschen, wer ihre Wohnung berühret. | Welcher mit törichtem
Herzen hinfährt und der Sirenen | Stimmen lauscht, dem wird zu Hause
nimmer die Gattin | Und unmündige Kinder mit freudigem Gruße begeg-
nen; | Denn es bezaubert ihn der helle Gesang der Sirenen, | Die auf der
Wiese sitzen, von aufgehäuftem Gebeine | Modernder Menschen umringt

Kampf anführen. Denn ihr Ziel scheint es nicht zu sein, den Gegner (Zentralbank, EU-Bürokratie) zu stoppen, sondern zu zwingen, in ihrem Sinn zu handeln und das heißt: Noch mehr vom Gleichen, noch mehr Geld aus der Druckerpresse und noch stärkere Eingriffe in die wirtschaftliche oder die individuelle Freiheit. Im Interesse der Produktiven ist das nicht, die die Werte für alle schaffen (oder daran gehindert werden). Es ist amateurhaft auch darin, das Instrument der staatlichen Enteignung unvorsichtig derart eingesetzt sehen zu wollen, dass sich die Krise verschärft und der Weg in den Abgrund beschleunigt. — *Wahlverwahnschaften.*

153

Die schwierigste Lektion politischer Klugheit ist die Selbstbeschränkung. In der *»Odyssee«* gibt es eine bezeichnende Stelle, in der Odysseus mit seinem Schiff zwischen zwei Inseln durchrudern muss. Auf den Wiesen der Inseln sitzen wunderschöne Sirenen, die durch Gesang und Allwissenheit die Seeleute betören, so dass sie ihren Weg verlassen und an dem Ufer einer der Inseln zerschellen. Um dies gefahrvolle Wegstück unbeschadet zurücklegen zu können, verstopft Odysseus seinen Leuten die Ohren mit Wachs. Er dagegen will sich den schönen Gesang nicht entgehen lassen und hält seine Ohren frei, lässt sich, damit er sich nicht überwältigen lässt und das Ruder herumreißt, aber am Schiffsmast festbinden.[106] Dies ist die Allegorie für den modernen Staat.[107]

und ausgetrockneten Häuten. | Aber du steure vorbei und verklebe die Ohren der Freunde | Mit dem geschmolzenen Wachse der Honigscheiben, daß niemand | Von den andern sie höre. Doch willst du selber sie hören, | Siehe, dann binde man dich an Händen und Füßen im Schiffe, | Aufrecht stehend am Maste, mit festumschlungenen Seilen, | Daß du den holden Gesang der zwo Sirenen vernehmest.« XII. Gesang, Zeilen 39ff (nach Voß 1781).
107 Inspiriert durch Adornos Odysseus-Kapitel in der *»Dialektik der Aufklärung«* (1944) von Max Horkheimer und Theodor W. Adorno.

Das Schauspiel, das 2015 aufgeführt wurde, arbeitete mit dem äußerst raffinierten Trick einer gespaltenen Sympathielenkung der Zuschauer je nach ihrem Sitzplatz. Für die Zuschauer der linken Seite gaben die böse Stiefmutter Merkel und Raubritter Schäuble die Schurken, die einem ganzen Volk die verdiente Hilfe versagten, während die jugendlichen Helden Alexis und Yanis für das Recht dieses und aller anderen Völker stritten. Für die Zuschauer der rechten Seite wollte die Tsipras-Varoufakis-Bande[108] den Schatz des deutschen Volkes plündern, während Bürgfräulein Angela und ihr Ritter von der traurigen Gestalt Wolfgang viel zu viel Nachsicht mit diesen bösen Buben hatten. Der edle Ritter Bernd musste in die Bresche springen, und konnte sie in die Schranken verweisen. Am besten man hütet den Schatz, sagte er, indem man sich von dem plünderungsbereiten Gesocks abwendet und wieder unsere gute DM hervorkramt. Inzwischen mussten wir hören, dass Bernd von der Fahne gegangen ist für eine glücklose Karriere als Raubritter.

Interessanterweise ist es bei der AfD, seitdem es so aussieht, dass sie in die Verlegenheit kommen könnte, reale Macht auszuüben, nicht mehr so sicher, ob ein Ende des Euros angestrebt wird.[109] Dies ist nicht nur der Preis für den Aufstieg in die politische Klasse, sondern folgt auch einer gewissen Einsicht. Hier brauchen wir die Beschäftigung mit der Vorgeschichte und Odysseus kommt ins Spiel.

---

108 Alexis Tsipras, Vorsitzender der Syriza, griechischer Ministerpräsident seit Anfang 2015 (Stand: Dezember 2015). – Yanis Varoufakis, von Ende Januar bis Anfang Juni 2015 griechischer Finanzminister, der sich wirklich als Gauner entpuppte, als er zurücktrat, nachdem er genügend Popularität errungen hatte, um viel Kapital daraus schlagen zu können.

Nach dem Zweiten Weltkrieg war sich die neu formierende herrschende Klasse von Westdeutschland im Klaren darüber, dass sie ein Papier- statt Warengeldsystem braucht, denn der ständig wachsende moderne Staat ließ schon seit spätestens Anfang des 20. Jahrhunderts nicht mehr ohne ein solches sich finanzieren. Andererseits saß ihr der Schrecken der Hyperinflation noch in den Knochen, einer Inflation, die ihre Existenz auch bedrohte. Also musste Odysseus sich sehr eng an den Mast binden lassen. Das war die regierungs- (nicht staats-) unabhängige Bundesbank. Glücklicherweise hatten die neuen Freunde der BRD genug Angst vor einem wiedererstarkenden Deutschland, sodass militärische Verpflichtungen sich in Grenzen hielten. Lange schickte sich Odysseus ins Schicksal, dann aber wurden ihm die Fesseln gar zu eng. Mit der »Wende« kamen exorbitante Ausgaben auf den wiedervereinigten deutschen Staat zu und außerdem bereitete man sich darauf vor, dass wieder militärisch auf der Weltbühne mitgespielt werden sollte. Da fügte es sich, dass die anderen europäischen Staaten ein wenig neidisch auf die Stabilität der deutschen Mark schauten. Die Fesseln sah man von weitem nicht so genau, nur die Vorteile. Die Idee, dass die einen sich mehr Spielraum für die Kreditexpansion verschaffen, während die anderen etwas von der teutonischen Disziplin lernen, klang allzu verlockend. Eine Währung für die ganze Europäische Union bedeutete weniger Währungskonkurrenz. Ein größerer Wirtschaftsraum versprach überdies mehr Flexibilität für die Kreditexpansion.[110]

109 Mal so, mal anders. Nach der Spaltung eindeutiger contra Euro. Aber meine Voraussage steht. Zur Spaltung vgl. André F. Lichtschlag, *Operation Spaltung: Kriminalgeschichte der AfD*, Grevenbroich 2015.
110 Vgl. Murray Rothbard, *Das Scheingeld-System* (1964), Gräfeling 2000. Originaltitel: *What Has Government Done to Our Money?*

Faktionen. — Dass der Staat die große Fiktion sei, jedermann vermöge auf Kosten von jedermann zu leben, wusste schon Frédéric Bastiat.[111] Der Satz muss ergänzt werden: Wer unter dieser Fiktion lebt, leidet ständig an dem Gefühl, dass der Nachbar mehr vom Kuchen abkriegt als man selber. Hieraus resultieren die Verteilungskämpfe im Staat. Nach einer Weile von Hin und Her weiß dann keiner mehr genau, wer wieviel von dem anderen profitiert. Einerseits streitet man dafür, mehr zu kriegen, andererseits hat man auch Höllenangst, das System der Umverteilung zu verlassen und dann ganz »oben ohne« im Regen zu stehen. Die *kleine* Fiktion ist kein Problem, vielmehr dass sie zum großen *Fakt* wurde.

Für die rebellische griechische Regierung wäre es doch ganz einfach gewesen, den Stinkefinger nicht nur symbolisch zu zeigen, sondern den Schuldenschnitt zu machen, die Europäische Union und den »Teuro« zum Teufel zu schicken, zur Drachme zurückzukehren. Warum tat sie das nicht? Auf der Ebene jenseits der Ideologie, da, wo die »Mikrophysik der Macht« regiert,[112] wusste es die griechische Regierung ganz genau, dass die Wiedergeburt nationaler Souveränität einen drastischen Einschnitt in die Staatstätigkeit erfordert hätte. Ein Zurück zu vor 1999 – dafür hätten über 15 Jahre Staatswachstum rückgängig gemacht werden müssen. Das genaue Gegenteil aber war Programm der griechischen Regierung. — *& der Ekel mich ankömt vom wütenden Hunger*[113]

111 Frédéric Bastiat (1801-1850). »Der Staat ist die große Fiktion, mittels derer alle Welt leben will auf Kosten von aller Welt.« 1848.
112 Begriff nach Michel Foucault (1926-1984). Die Macht weiß, wie sie sich erhält, nicht ihre scheinbaren Subjekte. Ich nenne es *Choreografie.*
113 Friedrich Hölderlin 1805, zit. n. *Gesänge,* Frankfurt/M. 2000, S. 908.
114 Pierre Bourdieu 1997 in der »Berliner Zeitung«. ¿Gewalt = Vernunft?

Das gleiche gilt jedoch auch für die BRD. Die Vorstellung, die Bundesregierung wolle (oder solle) ganz altruistisch für die armen Griechen in Solidarität einstehen, ist völlig abseits jeder soziologischen Einsicht in das Wesen von Macht. Selbstverständlich handelt die Bundesregierung im ökonomischen Eigeninteresse (nicht im Interesse des eigenen oder gar eines fremden Volkes). Wie naiv muss ein angeblich durch Marx beeinflusster Soziologe sein, wenn er sagt, »Es geht mir um die Verteidigung des Staates und seiner Vernunft gegen die pure Ökonomie«?[114] Der Staat und seine Vertreter also haben keine ökonomischen Interessen. Sie sind mit Gewalt ausgestattet, vollstrecken jedoch die pure Vernunft. Wenn ein weltfremder Wissenschaftler das sagen kann, ohne dass alle Welt in Gelächter ausbricht, zeigt das, wie sehr das etatistische Denken eine kulturelle »Hegemonie« erlangte.[114a] Die Fraktionen der herrschenden Klasse folgen unterschiedlichen Strategien und Kalkulationen, gemeinsames Ziel aber bleibt die Stärkung ihrer ökonomisch-politischen Macht. Und auch für die deutsche Politik wäre eine Rückkehr zu einem Punkt der staatlichen Entwicklung, der 15 Jahre zurückliegt, extrem schwierig zu bewältigen. So wünschenswert die radikale Entstaatlichung für die wäre, die nicht von der Staatstätigkeit profitieren – wie sollte sie bei diesen Zuschauern bewerkstelligt werden? Genügend müssten aufstehen und sich das Schauspiel nicht mehr mit ansehen, sondern ihrer eigenen Wege gehen: produktiv, kooperativ, freiwillig. — *Freiwilligkeit, aller Staazis Schrecken.*

114a Antonio Gramsci (1891-1937), italienischer Marxist. Die Hegemonie zeige »sich auf zwei Arten, als Beherrschung und als intellektuelle sowie moralische Führung«. Gramsci verwendete den Begriff halb kritisch und halb affirmativ, denn er schlussfolgerte, die Opposition solle die kulturelle Hegemonie gegenüber der herrschenden Klasse erlangen und so selber zu einer herrschenden Klasse werden: Das ist Selbstintegration.

160

Unter den ersten griechischen Syriza-Ministern bezeichnete sich zumindest der Finanzökonom Yanis Varoufakis explizit als Marxist.[115] Wie weit her ist es mit seinem Marxismus und dem der »linken« Regierung, der er angehörte und die die politische Klasse der Europäischen Union gehörig herausforderte, zugleich aber auch die Völker der Union bedrohte mit Forderungen, welche sie aus der Tasche jener finanziert sehen wollte? — *An anderer Leute Geld wird er nicht sparen.*

161

x. — Als ich mich 2014 daran machte, das ganze Korpus des Marx'schen Werks zu lesen, vieles wieder zu lesen, manches aber auch erstmalig, wunderte ich mich festzustellen, dass von den Marx zugeschriebenen Forderungen (nach Steuerprogression, staatlichen Zentralbanken, Verstaatlichung der Wirtschaft, zumindest deren strikter staatlicher Steuerung) derart wenig in seinen Texten zu finden ist. Von sporadischen weiteren Stellen abgesehen, finden sie zusammenhängend und als Forderungen formuliert sich bloß in dem »*Manifest der kommunistischen Partei*« von 1848. Dessen Forderungskatalog jedoch hat, bei genauem Hinsehen, unzweifelhaft Friedrich Engels verfasst, nämlich schon ein Jahr zuvor. Bei Engels waren es 15 Forderungen und in deren Zusammenstreichen auf die mythische Zahl 10 hat Marx einige von den etatistischsten Aspekten kassiert. Es ist leicht zu zeigen, dass Marx alle diese 10 Forderungen wenn nicht von Anfang an, so doch im Laufe der Zeit zurückwies.[116] — »*Um Marx zu widerlegen muss man meist bloß Marx zitieren.*«

115 Yanis Varoufakis, *Confessions Of An Erratic Marxist In The Midst Of A Repugnant European Crisis*, Vortrag in Zagreb, Mai 2013. Dokumentiert auf seiner Website.
116 *Mit Marx gegen Marx*, S. 53 ff.
117 Karl Marx, *Kritische Randglossen* (1844), MEW 1, S. 402.

Die staatskritischen Gedanken von Marx sind erstaunlich
aktuell und es wäre wünschenswert, wenn der »Marxist«
Varoufakis und andere linke Politiker, die den Etatismus in
Griechenland, in der EUdSSR und sonst wo auf der Welt
vorantreiben, sich etwa daran erinnerten, wie genau Marx
erkannte, dass »je mächtiger der Staat, je politischer daher
ein Land«, es um so weniger geneigt sei, »im Prinzip des
Staates den Grund der sozialen Gebrechen zu suchen und ihr
allgemeines Prinzip zu begreifen. Der politische Verstand ist
eben politischer Verstand, weil er innerhalb der Schranken
der Politik denkt. Je geschärfter, je lebendiger, desto un-
fähiger ist er zu der Auffassung sozialer Gebrechen.«[117] Und
trifft nicht die folgende Stelle genau auf das traurige Schicksal der griechischen Syriza-Regierung zu?: »Die Regierung
entwickelt sich jetzt zu einem Treibhaus für kolossale Staatsschulden und erdrückende Steuern und wurde vermöge un-
widerstehlicher Anziehungskraft ihrer Amtsgewalt, ihrer
Einkünfte und ihrer Stellenvergebung der Zankapfel für die
konkurrierenden Fraktionen und Abenteurer der herrschenden Klassen.«[118] — ... *kolossale* ... *erdrückende* ...

Intellektuell am erstaunlichsten, politisch-praktisch am ver-
hängnisvollsten ist, dass Varoufakis sich als Marxist positiv
auf Keynes bezieht. Obwohl Karl Marx[119] natürlicherweise
John Maynard Keynes nicht kennen konnte,[120] hat er sich bereits kritisch mit den Vorläufern der »Geldillusion« befasst.
Gerade die durchaus problematische – von Adam Smith[121]

118 Karl Marx, *Der Bürgerkrieg in Frankreich* (1871), MEW 17, S. 336.
119 1818-1883
120 1883-1946
121 Adam Smith (1723-1790), wird üblicherweise zu dem Begründer der
klassischen liberalen Nationalökonomie und der Lehre des laissez-faire-

und David Ricardo übernommene – Arbeitswertlehre bewahrte Marx davor, den Versprechungen der Geldreformer auf den Leim zu gehen: Schon vor Keynes gab es in bürgerlichen Kreisen die Idee, durch eine schlichte Vermehrung von Geldnoten ohne Warendeckung sei auch der Wohlstand zu mehren, ebenso wie sozialistische Kreise meinten, Geld solle durch Stunden- oder Arbeitszettel ersetzt werden; beides ökonomisch betrachtet Prototypen des heutigen Papiergeldes. Für Marx jedoch war klar, dass Geld *dann* und *nur* dann einen Wert repräsentiere, wenn es eine Ware ist, also einen Wert verkörpert. Es kann keinen Wert nur symbolisch ausdrücken und trotzdem die gleiche Funktion erfüllen wie das Warengeld. »Das Geld, die gemeinsame Form, worein sich alle Waren als Tauschwerte verwandeln, die allgemeine Ware, muss selbst als besondre Ware neben den andren existieren, da sie nicht nur im Kopf an ihm gemessen, sondern im wirklichen Austausch gegen es ausgetauscht und eingewechselt werden müssen«, schreibt Marx in seinen *»Grundrissen der Kritik der politischen Ökonomie«* von 1858: »Das Geld entsteht nicht durch Konvention. Es entsteht aus dem Austausch und im Austausch naturwüchsig, ist Produkt desselben.«[122]

Was geschieht nun, wenn ein »Geld« mittels Konvention erzeugt werden soll, was sich nur mit vom Staat verfügtem »Zwangskurs« (ein Term von Marx) bewerkstelligen lässt?

Kapitalismus stilisiert, von Murray Rothbard in der *»History of Economic Thought«* (1995) dagegen für gravierende Mängel in der Theorie haftbar gemacht, die unweigerlich für den Sozialismus den Weg ebnen; Rothbard zeigt (im ersten Band) darüber hinaus, dass vor Adam Smith bessere ökonomische Theorien entwickelt worden waren. Ein »Rätsel« sei, so Rothbard, der enorme und einzigartige Widerspruch zwischen dem Heiligenschein von Adam Smith und »der Realität eines zweifelhaften Beitrags zum ökonomischen Denken« (*An Austrian Perspective on The History of Economic Thought* [1995], Band 1, Auburn 2006, S. 435). – Die Lösung des Rätsels: Eine falsche ökonomische Theorie setzt sich durch, wenn sie den

164

Die Bank oder Behörde, die die symbolischen Scheine ausgibt, »käuft die Waren zu ihren Produktionskosten, käuft alle Waren, und zwar kostet ihr das Kaufen nichts, als die Produktion von Papierschnitzeln, und gibt dem Verkäufer, anstatt [!] des Tauschwerts, den er in einer bestimmten substantiellen Form besitzt, in andren Worten eine Anweisung auf alle andren Waren zum Belauf desselben Tauschwerts.« Somit wird die Bank zum »allgemeinen Käufer und Besitzer der Waren«.[123a] — *... und zwar kostet ihr das Kaufen nichts ...*

165

... nicht bloß das: Weil »der größte Austausch nicht der der Waren ist, sondern der der Arbeit gegen Waren« würden die Arbeiter »nicht ihre Arbeit an die Bank verkaufen, sondern« – scheinbar – »den Tauschwert für das volle Produkt ihrer Arbeit erhalten«.[123b] Warum scheinbar? In *»Die Wirtschaftsrechnung im sozialistischen Gemeinwesen«* von 1920 unterstellt Ludwig von Mises in Übereinstimmung mit dem, was die »Marxisten« unter der Arbeitswertlehre sich vorstellten, für Marx sei »alle menschliche Arbeit ökonomisch von gleicher Art«.[124] Argumentativ stehen Marx und Mises sich allerdings näher, als Mises wahrhaben wollte und den Marxisten lieb ist. Marx sagt nämlich, »die Arbeitszeit selbst existiert als solche nur subjektiv, nur in der Form der

Interessen der Herrschenden nutzt. Das gleiche gilt für den Marxismus, wie er historisch wirksam geworden ist.

122 Karl Marx, *Die Grundrisse der Kritik der politischen Ökonomie* (1858), MEW 42, S. 98.

123a Ebd., S. 87f.

123b Ebd., S. 89.

124 Ludwig von Mises, *Die Wirtschaftsrechnung im sozialistischen Gemeinwesen*, in: Archiv für Sozialwissenschaft und Sozialpolitik, Nr. 47 (1920), S. 108. Ausgebaut in ders., *Die Gemeinwirtschaft: Untersuchungen über den Sozialismus* (1922), München 1981 (nach der Ausgabe von 1932).

Tätigkeit. Insofern sie als solche austauschbar (selbst Ware)
ist, ist sie nicht nur quantitativ, sondern qualitativ bestimmt
und verschieden, keineswegs eine allgemeine, sich gleiche
Arbeitszeit; sondern entspricht als Subjekt ebensowenig der
die Tauschwerte bestimmenden allgemeinen Arbeitszeit,
wie die besondren Waren und Produkte ihr als Objekt ent-
sprechen.«[125] Genau das hat Mises gegen die Arbeitsscheine
anstelle des (Metall-)Geldes eingewandt.

Wenn sich die Bank durch die Ausgabe wertloser »Papier-
schnitzel« – egal, ob sie »Stundenzettel« oder »Euro«,
ob sie »DM« oder »Drachme« heißen – in den Besitz sowohl der Waren als auch der Arbeit bringt, wird sie nicht nur
zum allgemeinen Käufer und Verkäufer, »sondern auch der
allgemeine Produzent«. In der Tat ist sie dann »die despotische Regierung der Produktion und Verwalterin der Dis-
tribution«. »Die Bank« oder eben, modern ausgedrückt:
»das Bankensystem mit einer Zentralbank an der Spitze«.

166

Damit beschreibt Marx genau dasjenige, was in der »Öster-
reichischen Schule der Ökonomie« durch Ludwig v. Mises
über F. A. Hayek bis hin zu Murray N. Rothbard analysiert
worden ist. Wohlgemerkt, auch Marx zeigt, dass dies gerade
kein Vorgang ist, der »naturwüchsig aus dem Austausch und
im Austausch« des Kapitalismus hervorgeht, sondern durch
den Staat bzw. eine durch ihn privilegierte Institution gemacht wird. Dies trifft auf die Vorgänge um die Einführung
des Euro zu und ist eine exakte Darstellung der Ursache der
augenblicklichen Krise in Griechenland. — *Murray K. Marx.*

167

*Ein marxistisches Programm für Griechenland — und über
Griechenland hinaus*, nicht wörtlich von Marx, zusammen-

gesetzt aber aus verstreuten Bemerkungen in verschiedenen seiner Schriften, könnte folgende sexy Eckpunkte haben, die überraschenderweise mehr mit den radikal liberalen als mit den heutigen linksradikalen Ideen übereinstimmen:

1. »Emanzipation von der Blutsteuer: Schluss machen mit dem stehenden Heer, der Quelle für Besteuerung und Staatsschulden.«[126]

2. »Abschaffung der unproduktiven, schädlichen Tätigkeit der Staatsparasiten, denen ein riesiger Anteil des Nationalprodukts für die Sättigung des Staatsungeheuers zum Opfer gebracht wird.«[127]

3. Abschaffung des Papiergelds. Stattdessen Warengeld, das sich im Tausch von selbst (»naturwüchsig«) ergibt.[128]

4. Abschaffung der Bankenprivilegien, »mit denen sich die Regierung des Landes bemächtigt«.[129]

5. Abschaffung von »Staatsschulden, Steuerwucht (die zum Ruin kleiner Bauern, Bürger und Handwerker wird) und Protektion«.[130]

6. »Das Volk sieht ein, dass es solidarisch verantwortlich ist für die Verweigerung der Steuern.«[131]

Meißelt es euch in Stein: Marx war kein Etatist. Nichteinmal »Marxist«. Der Marxismus verbreitet sich, insoweit er den Herrschenden nützt. Marx aber lieferte eine, wie fehlerhaft im Detail auch immer, Kritik der Herrschenden.

---

125 Karl Marx, ebd. (Fn. 122), S. 103.

126 Karl Marx, *Der Bürgerkrieg in Frankreich*, 1. Entwurf (1871), MEW 17, S. 544.

127 Ebd., S. 546.

128 Karl Marx, *Die Grundrisse der Kritik der politischen Ökonomie* (1858), MEW 42, S. 72-103.

129 Karl Marx, *Crédit mobilier*, 2. Artikel (1856), MEW 12, S. 28.

130 Karl Marx, *Das Kapital* (1867), MEW 23, S. 782ff.

131 Karl Marx, *Über die Proklamation des Ministeriums Brandenburg-Manteuffel in betreff der Steuerverweigerung* (1848), MEW 6, S. 39.

NOT

AT

»Sämtliche Werke der Weltliteratur teile ich ein in genehmigte und solche, die ohne Genehmigung geschrieben wurden. Die Ersteren sind schmutziges Zeug, die Letzteren – gestohlene Luft. Den Schriftstellern, die im Voraus genehmigte Dinge schreiben, möchte ich ins Gesicht spucken, ihnen mit dem Stock eins über- ziehen und sie im Herzen-Haus an einen Tisch setzen, jedem ein Glas Polizeistubentee hinstellen und eine Urinprobe von Gornfeld in die Hand geben. Diesen Schriftstellern würde ich verbieten, Ehen einzugehen und Kinder zu haben. Wie können sie Kinder haben – Kinder müssen doch an unserer Stelle weiterfahren, an unserer Stelle das Allerwesentlichste zum Ausdruck bringen: Und dies in einer Zeit, da die Väter für drei Generationen im Voraus an einen pockennarbigen Teufel ver- kauft sind.«

— Ossip Mandelstam, ca. 1930[132]

132 Zit. n. *Bahnhofskonzert: Das Ossip Mandelstam Lesebuch*, hg. v. Ralph Dutli, Frankfurt/M. 2015, S. 216. »Herzen-Haus«: Villa in Moskau, in der Alexander Herzen (1812-1870) 1843-1847 wohnte und die ein Treffpunkt der Moskauer literarischen Avantgarde wurde. »[Arkady] Gornfeld«, 1867-1941, ein Literat, der zwar von den Bolschewisten wie Mandelstam verfolgt wurde (Lenin persönlich hatte Stalin die Deportation von jenem empfohlen); aber Mandelstam und ihn verband inbrünstiger Hass.

V
Ernst Jünger: Ein Mann wider die Selbstintegration
RECHTE KRITIK FÜR
LINKE SELBSTMYSTIFIKATION

168

»*In Stahlgewittern*«, Ernst Jüngers Kriegsroman, 1920 erstmals erschienen, ist zum geflügelten Wort geworden und zugleich umgibt ihn ein Geruch von anrüchiger Kriegsverherrlichung. Dass kaum eine furchtbarere Anklage gegen den Krieg geschrieben werden könne, wurde dem Buch von Zeitgenossen attestiert;[133] in der Erinnerung der Nachwelt aber ist vor allem das Lob von Joseph Goebbels – »Schwung, nationale Leidenschaft, Elan, das deutsche Kriegsbuch«[134] – hängen geblieben. Erich Maria Remarques »*Im Westen nichts Neues*« 1929 wird bis heute als Antipode der »*Stahlgewitter*« angesehen, ungeachtet dessen, dass Remarque selber Jüngers Buch schätzte, in hohen Tönen seine »wohltuende Sachlichkeit« lobte, durch welche das »Grauen der Materialschlacht mit großer Wucht« Ausdruck gewinne, und es als Ausgangspunkt für seine eigene Aufarbeitung des Kriegserlebnisses nahm.[135] Seit 2010 liegt das Kriegstagebuch vor,[136] welches Ernst Jünger geführt und aus dem er den

133 Paul Levi 1930, zitiert in: *In Stahlgewittern*, historisch-kritische Ausgabe, Stuttgart 2013, Band 2, S. 484.
134 Zitiert nach: *In Stahlgewittern*, historisch-kritische Ausgabe, Band 2, S. 447.
135 Zitiert nach: *In Stahlgewittern*, historisch-kritische Ausgabe, Band 2, S. 470f.
136 Ernst Jünger, *Kriegstagebuch 1914-1918*, Stuttgart 2010, S. 47.

Roman entwickelt hat; 2013 erschien dann die historisch-kritische Ausgabe von »*In Stahlgewittern*«, in der die fünf großen Bearbeitungsstufen von 1922 bis 1978 dokumentiert sind. — *Fassung[en] bewahren ...*

169

... 1915 meldete sich der 18jährige Ernst Jünger freiwillig, um dem als öde erlebten Schul- und bürgerlichen Alltag zu entkommen und »etwas« bzw. »Abenteuer zu erleben«.[137] Diese Motivation verlängert Jünger in einer 1924 hinzugefügten (jedoch 1934 wieder gestrichenen) Passage auf seine ganze Generation: »Eine lange Zeit der Ordnung und des Gesetzes, wie sie unsere Generation hinter sich hatte, bringt einen wahren Heißhunger nach dem Außergewöhnlichen hervor.«[138] Nicht Heldentum, Aufopferung für eine Sache, kein Nationalismus und schon gar nicht Deutschtümelei drücken sich in dem Satz aus. Er bestätigt vielmehr die auf Wilhelm Reich basierende gestalttherapeutische Theorie,[139] warum die Menschen in bestimmten Situationen geneigt sind, den »Massenselbstmord durch Krieg« mitzumachen: Befreiung aus der Enge der »organisierten Gesellschaft«. In der Tat findet in Jüngers Tagebuch kein nationalistisches Wort sich, keine Bezugnahme auf Vaterlandsverteidigung, vielmehr ein geradezu existenzialistisches Ausloten von den eigenen Grenzerfahrungen. Die Gegner sind keine Feinde; Jünger spricht von allen in der gleichen Hochachtung wie von den eigenen Kameraden. Dass Soldaten nach dem Tod

137 Ernst Jünger, *Kriegstagebuch 1914-1918*, Stuttgart 2010, S. 47.
138 Historisch-kritische Ausgabe, Band 1, S. 68.
139 Vgl. Stefan Blankertz, *Verteidigung der Aggression: Gestalttherapie als Praxis der Befreiung*, Wuppertal 2010.
140 Historisch-kritische Ausgabe, Band 1, S. 130f.
141 Band 2, S. 89ff; 109ff.
142 Band 1, S. 642.

eines Kameraden auf »Blutrache« sannen und in dem Engländer, der das tödliche Geschoss abgefeuert hatte, einen persönlichen Feind zu sehen »schienen« (!), kommentiert Jünger mit dem – 1934 gestrichenen – Gedanken, es sei »merkwürdig, wie wenig objektiv sie den Krieg auffassen«. Auch den Nachsatz, »Ich kann es ihnen nachfühlen«, streicht er 1934:[140] Die Distanz wird größer. Für Jünger geht es in der ersten Linie um das individuelle Kräftemessen und Sichbewähren; man kriegt den Eindruck, dass es unwichtig wäre, wer gewänne. In dieser Hinsicht ist Ernst Jünger der deutsche Ernest Hemingway. Auch in jener Hinsicht einer aufblitzenden Einsicht, dass dieses Ideal der Männlichkeit ein für alle Mal dahin sei (und vielleicht niemals ein gutes Ideal war). — *K?ein »Dress[ierter«]-Man.*

170

Der Herausgeber der historisch-kritischen Ausgabe von »*In Stahlgewittern*«, Helmuth Kiesel, vermutet in Jüngers Veränderungen 1924 und 1934 eine stark politische Tendenz.[141] Um die Mitte der 1920er Jahre hatte Jünger mit konservativ-nationalen, soldatisch-elitären Ideen geliebäugelt, obwohl der Nationalsozialismus für ihn von Anfang an indiskutabel war. Die Ausgabe von 1924, in der Goebbels und Hitler »*In Stahlgewittern*« lasen, war mit mancherlei nationalistischen Wendungen ausgeschmückt – wie etwa: »Aus allen Opfern war, fast ohne dass ich es gemerkt, die Idee des Vaterlandes immer reiner und glänzender herausgeschmolzen.«[142] Im Tagebuch und in den ersten Fassungen des Romans war davon tatsächlich nichts zu merken; 1934 konnte die Passage gestrichen werden, ohne dass sie eine Lücke hinterließ. In den Veränderungen von 1934 sei, so der Herausgeber, die Tendenz sichtbar, die nationalistische Aufladung des Kriegs mit Sinn zu tilgen und eine politische Instrumentalisierung durch die nationalsozialistische Propaganda abzuwehren. Von Jüngers Veröffentlichungen nach »In Stahlgewittern« war Goebbels enttäuscht; das sei »nur noch Literatur«, notiert er in sein Tagebuch.[143] 1932 avisierte der »Völkische Beobachter« Ernst Jünger »Kopfschüsse«.[144] Es ging um das Buch »Der Arbeiter«,[145] in welchem Jünger das heraufziehende Zeitalter des Kollektivismus zeichnet, durch das Nationalsozialismus und Bolschewismus verschmelzen. Inwiefern Jünger sich mit dieser Vision identifizierte, ist umstritten. Falls er je sich mit ihr identifizierte, kann dies auf dem Hintergrund seines Gesamtwerkes nur eine kurze Geschmacksverirrung genannt werden. Sei dem, wie es wolle, die Nationalsozialsozialisten empfanden die Vision jedenfalls als Parodie, nicht als Unterstützung. — *Der Arbeiter …*

171

… nach Geburt des neuen Europa in Stahlgewittern. — Nicht bloß nationalistisch aufgeladene Zusätze jedoch finden sich in der Fassung von 1924. Neben der zitierten Formulierung, keine nationale Begeisterung, sondern der Überdruss an der Enge des bürgerlichen Lebens habe die Kriegsfreiwilligen angetrieben, fasziniert mich in der Ausgabe von 1924 besonders folgende Stelle, die Jünger ebenfalls 1934 wieder gestrichen hat. Von der ersten großen Materialschlacht, an der Jünger 1916 teilnahm, heißt es:

»Hier war die Schlacht kein Erlebnis [eine Anspielung auf Jüngers Essay ›*Der Kampf als inneres Erlebnis*‹,[146] 1922]. [...] Hier ging die Ritterlichkeit auf immer dahin, sie musste dem intensiven Tempo des Kampfes weichen, wie alle noblen und

143 Zit. n. Band 2, S. 448.
144 Ernst Jünger, *Die Hütte im Weinberg*, Notiz v. 1946, in: Werke, Band 3, Stuttgart 1979, S. 615.
145 Ernst Jünger, *Der Arbeiter* (1932), Stuttgart 1982.

persönlichen Gefühle weichen müssen, wo die Maschinerie die Herrschaft gewinnt. Hier zeigte sich das neue Europa zum ersten Male auch in der Schlacht.« In der Fassung von 1934 bis zur Fassung letzter Hand 1978 wird die Wertung dann geradezu umgekehrt: »Unter dem Stahlhelm [bildete sich] jenes Gesicht einer neuen und kühneren kriegerischen Rasse, das in die Geschichte eingegangen ist.«[147]
Der Grund für diese Ersetzung kann nicht in der von dem Herausgeber angegebenen Tendenz bestehen, aus »*In Stahlgewittern*« die nationalistische »Sinnaufladung« zu tilgen. Denn die Formulierung von 1924 nimmt die Idee aus »*Der Arbeiter*« vorweg, sowie den Weg der Desillusionierung Jüngers über Krieg und Soldatentum. In den Romanen und Essays nach dem Zweiten Weltkrieg entwickelt Jünger die These, dass in der kriegerischen und politischen Gegenwehr gegen die Barbarei man selber zum Barbaren werde. Der Held in »*Heliopolis*« 1949 ist noch Soldat, der aufgrund von Insubordination entlassen wird.[148] Der Held in »*Eumeswil*« ist 1977 ein »bloßer« Geschichtsdozent und Mundschenk des Tyrannen, mit dem zusammen er sich schließlich nicht nur von der Politik, sondern ganz von der Gesellschaft abwendet.[149] Nicht die »kühnere kriegerische Rasse« ging in die Geschichte ein, vielmehr ist die »Maschinerie« zur Herrschaft gelangt, der »alle noblen und persönlichen Gefühle« weichen müssen. — *Selbsttäuschungen zum Trotze, ...*

172

... Ernst Jüngers düstere Prophetie bewahrheitet sich. — Wenn Jünger das erste Auftauchen dieser leider allzu hellsichtigen

146 In: Werke, Band 7, Stuttgart 1980.
147 *In Stahlgewittern*, historisch-kritische Ausgabe, Band 1, S. 242 ff.
148 Ernst Jünger, *Heliopolis* (1949), Stuttgart 1980.
149 Ernst Jünger, *Eumeswil*, Stuttgart 1977.

Prophetie wieder gestrichen hat, liegt meiner Vermutung nach kein Dementi des kühlen, sachlichen Beobachters vor, sondern eher ein ganz persönlicher Trotz. Kurt Tucholsky bemerkte einmal, »kein Mensch« vermöge es, »eine ganze Epoche seines Daseins als sinnlos zu empfinden«.[150] Wir dürfen nicht vergessen, dass Jünger als Jugendlicher in den Krieg zog, dort nicht nur täglich mit dem möglichen eigenen Tod konfrontiert war und den Tod, die schreckliche Verwundung von Kameraden miterlebte, sondern auch sieben Mal getroffen wurde, zum Teil sehr schwer, sowie mehrere Gasangriffe überlebte. Die Traumatisierung von Jünger bei der Bewertung seiner Person und seines Werks außer Acht zu lassen, mag wohlfeile Verurteilungen leicht machen, zu einem adäquaten Verständnis führt es nicht. Krieg ist keine Option,[151] auch nicht in den Jüngerschen *männerphantasien*

173

männerphantasien ... In Stahlgewittern. — Während der Beschäftigung mit der historisch-kritischen Ausgabe von »*In Stahlgewittern*« stieß ich auch auf einen alten Bekannten, Klaus Theweleit, dessen zweibändige »*männerphantasien*« Ende der 1970er, Anfang der 1980er Jahre *das* Kultbuch der Feinde eines soldatischen, faschistischen, phallokratischen Patriarchats war.[152] Dieses musste man gelesen haben, oder wenigstens so tun, als habe man es. Auch Theweleit befasste sich mit Ernst Jünger, las ich bei dem Herausgeber von »*In Stahlgewittern*«.

Dass Jünger eine Rolle in den »*männerphantasien*« gespielt habe, war mir nicht in Erinnerung. Die erneute Konsultation

150 Zitiert nach: *In Stahlgewittern*, historisch-kritische Ausgabe, Band 2, S. 120.
151 Stefan Blankertz, *Anarchokapitalismus: Gegen Gewalt*, edition g. 110, Berlin 2015.

der Bände brachte schnell Aufschluss, warum: Theweleit befasst sich nicht mit Jünger, er zitiert ihn über das Buch verstreut ab und zu, gehäuft in der ersten Hälfte des zweiten Bandes. Wie bei vielen anderen Autoren auch, zitiert er meist ohne Namensnennung; der Autor eines Zitats lässt sich dann überhaupt erst durch Nachblättern in den unübersichtlichen Anmerkungen ausfindig machen. Die Technik der Zitatmontage ent-individualisiert den Autor, macht es unmöglich, seine Texte im Zusammenhang zu verstehen. Vielmehr entsteht der Eindruck, als ob die verschiedenen Autoren – von Goebbels bis Jünger, aber auch ein Brecht und ein Biermann kriegen ihr Fett weg – eine homogene Masse bilden würden, in der jeder alle Ansichten und alle Haltungen aller anderen mitzutragen hat. Theweleit zitiert fast ausschließlich aus Jüngers sicherlich problematischster Schrift, »*Der Kampf als inneres Erlebnis*« (1922), in den Anmerkungen mal verschrieben als »Mein Kampf als inneres Erlebnis«.[153] Die Montagetechnik von Theweleit lässt nicht nur den biografischen Kontext eines jungen, traumatisierten Mannes außer Acht, sondern hindert auch die differenzierte Auseinandersetzung mit der Dialektik und Entwicklung des Autors. Die Frage etwa, inwieweit er sich mit dem, was er da beschreibt, identifiziert, kann überhaupt nicht aufkommen.

174

Der Sinn der Entindividualisierung von Jüngers Text (ebenso wie der aller anderen zitierten Autoren) wird im ersten Teil des zweiten Bandes erst so richtig klar. Es geht hier um eine schlichte Gegenüberstellung: Auf der einen Seite steht

152 Klaus Theweleit, *Männerphantasien* (1977), 2 Bände, Reinbek 1980.
153 *Männerphantasien*, Band 1, S. 464. – Ich meine, mir sei auch die nicht so aufgeladene, jedoch auch interessante Verschreibung zum »Dampf als inneres Erlebnis« untergekommen, habe sie aber nicht wiedergefunden.

ein konservativer, reaktionärer, faschistischer Individualismus, in welchem aus der amorphen Masse durch die starke Führerpersönlichkeit ein Volk werde, und auf der anderen Seite gibt es ein revolutionäres, befreiendes Volk, das eine »Masse ohne Hierarchie« bildet, gekennzeichnet durch Spontaneität und befreiter Sexualmoral. Es geht Theweleit um eine eindeutige Abgrenzung der faschistischen von der proletarischen, kommunistischen, linken Massenbewegung. Gewisse Ähnlichkeiten beider Bewegungen konnte er im ersten Band nicht bestreiten. Nun musste er dick auftragen. Fast nirgends schreibt er »Nationalsozialismus« aus, es gibt nur »Nazis«, meist aber eben »Faschisten« – dem Begriff »Faschismus« sehen deutsche Leser die kollektivistischen Implikationen weit weniger deutlich an.[154] Die Zusammensetzung von »national« und »sozialistisch« kann man niemandem als ein Emblem von Individualismus verkaufen. Für die Ablehnung der »Masse« und die Betonung des Individuellen eignet sich Jünger gut, für weitere Aspekte der Beweisführung von Theweleit schlechter; dort helfen dann

154 »fascio«, italienisch für »Bund«.
155 *Männerphantasien*, Band 2, S. 126: »In der Bewegung des Zusammenfügens dominiert die Verwendung des charakteristischen ›und‹, das oft zusammenzwingt, was sich gegensätzlich ist: ›Hirn und Herz‹, ›Leidenschaft und Mathematik‹, ›Archaik und Rationalität‹; Und-Paare Jüngers [in: *Der Arbeiter*]. In Hitlers Reden gibt es dies ›und‹ als reinen Gestus des Vergrößerns, Verdoppelns (›groß und genial‹ etc.).«
156 »Flut« und »Welle« sind derzeit in der flüchtlingsfeindlichen Außer-Parlamentarischen Opposition leider zu den gängigen Sprachbildern geworden, die dann leicht auch Einzug in den angeblich so verhassten Mainstream fanden, etwa wenn Finanzminister Wolfgang Schäuble eine durch Flüchtlinge ausgelösten »Lawine« befürchtet (*Zuwanderung nach Europa: Schäuble vergleicht Flüchtlingsbewegung mit Lawine*, Spiegel Online, 12.11. 2015; meines Wissens hat er das Zitat nicht dementiert und nicht zurückgenommen).
157 Für die, die nicht schweigen wollen: Stefan Blankertz, *Das Maodeking: Gebet für Eutimio Guerra*, edition g. 308, Berlin 2014.

andere Autoren aus, zu denen Jünger teilweise in direktem
Gegensatz stand. Der Tiefpunkt des Buches ist für mich die
Stelle, an der Theweleit die Verwendung der Konjunktion
und bei Jünger und bei Hitler in Parallele setzt; allerdings bemerkt er, dass Jünger eher Gegensätze mit »und«
verbinde, Hitler dagegen das »und« bloß zur Verstärkung
nutze.[155] Dass beim Leser dennoch hängen bleibe, die Rede
Hitlers und der Text Jüngers wiesen stilistische Ähnlichkeiten auf, davon wird Theweleit ausgegangen sein, denn er
sieht in dieser Differenz keinen Hinweis auf eine je unterschiedliche »Haltung«. — *und*und*und*und*und*und*und

175

Wie die rechte Kritik der Selbstmystifikation der Linken dient.
— Für sein Gegenbild von einer befreiten und befreienden,
führerlosen Masse hat und braucht Theweleit kein anderes
Beweismittel als die Darstellung durch deren faschistische,
national-konservative und individualistische Kritiker, die er
alle in einen Topf wirft. Theweleits Beweisführung setzt jedoch voraus, dass deren Darstellung der kommunistischen
»Flut«[156] als amorphe Masse *richtig* sei. Sie stellt er nie in
Frage. Lenin kommt nur am Rande vor, Stalin fast gar nicht,
auch die Führer des deutschen Kommunismus, Karl Lieb-
knecht und Rosa Luxemburg, sind wie nicht existent. Von
Mao, Che Guevara usw. ganz zu schweigen.[157]
Die erneute Lektüre von Theweleits *»männerphantasien«*
hat mir klar gemacht, welche wichtige Rolle dieses Buch
spielt in der inhaltlich so abwegig klingenden, gegenwärtig
jedoch durchgängig geglaubten Gleichsetzung des Faschismus mit dem Individualismus. Bloß auf *diesem* Hintergrund
konnte Karin Priester 2010 in einer Analyse für die Bundeszentrale für politische Bildung eine nur »fließende Grenze«
von »Libertariern, Rechtspopulisten und Rechtsextremen«

behaupten, ohne irgendeinen prinzipiellen Unterschied anzuerkennen zwischen dem Individualismus Ayn Rands und Murray Rothbards – die ausdrücklich genannt werden – auf der einen und radikal kollektivistischen neo-faschistischen Ideen auf der anderen Seite.[158] — *Aus dem Priesterseminar.*

<h2 style="text-align:center">176</h2>

Allerdings findet die heute ebenso übliche, vorausgesetzte Gleichsetzung von Faschismus mit Kapitalismus sich noch nicht ausgeprägt bei Theweleit. Zu sehr ist ihm präsent, dass Judenhass und Feindschaft gegen den Industriearbeiter einen dezidierten Antikapitalismus markieren. Spätestens an dieser Stelle hätte er erkennen können, dass sein Kronzeuge Ernst Jünger nicht ins Bild passt. In seinem Essay »*Der Arbeiter*« (1932) hatte Jünger als Kennzeichen der Zeit die Identität der großen, scheinbar verfeindeten Bewegungen von Kommunismus und Faschismus analysiert; beide seien Ausprägungen der Massendemokratie. Dass diese Vision der Individualist Jünger nicht als sein Ideal ansehen konnte, muss selbst innerhalb der Darstellung Theweleits unmittelbar einleuchten.

Dass zu Beginn der 1980er Jahre der Begriff »Liberalität« noch nicht wie heute abgewertet ward, zeigen auch Werbeseiten des Rowohltverlags am Ende des zweiten Bandes der Taschenbuchausgabe von »*männerphantasien*« (1980): Die von dem Publizisten und langjährigen SPD-Bundestagsabgeordneten Freimut Duve herausgegebene Reihe »rororo aktuell« firmierte unter jenem Claim: »Liberalität«.

158 Karin Priester, *Fließende Grenzen zwischen Rechtsextremismus und Rechtspopulismus in Europa?*, Bundeszentrale für politische Bildung, online 28. 10. 2010, Seite 6. Ayn Rand und Murray Rothbard trennt übrigens der Gegensatz, dass Ayn Rand einen Egoismus predigte, während Rothbards Argument für den Markt lautete, er bringe die Handelnden dazu, die Bedürfnisse der jeweils Anderen zu befriedigen.

PERSONENREGISTER*

* Das Personenregister erstellte Tomasz M. Froelich. Vielen Dank, Tomasz.

Stefan Blankertz

Das Maodeking
Gebet für Eutimio Guerra

Lebe dein Trauma! *Das Maodeking*, ein postmodernes Weisheitsbuch. Eutimio Guerra ist der erste Mensch, den Che Guevara ermordet hat. Über Che Guevara ist viel geschrieben worden. Was dagegen über Eutimio Guerra? Immer noch werden die Opfer des angeblich wohlmeinenden und nur abgeirrten Kommunismus als Opfer zweiter Klasse gegenüber Opfern des Nationalsozialismus und Faschismus behandelt.

Gegen solche menschenverachtende Haltung ist *Das Maodeking* angeschrieben. — Quintessenz: Gleichheit und Altruismus töten, Egoismus würde Leben retten. Eine Montage von lyrisch verfremdeten Zitaten aus dem *Tao te king* (Daodejing), der *Bibel*, dem *Koran*, aus dem Kriegstagebuch eines unbekannten Soldaten irgendeines Schlachtfeldes im 20. Jahrhundert, von Joseph Stalin und Mao Tse-tung über Heinrich Mann und Heinrich Himmler bis zu Ernesto Che Guevara und Jean Paul Sartre, konfrontiert mit all den grausigen Fakten der massenhaft durch den Staat aufgrund wohlmeinender Ideologien Ermordeten — das ist *Das Maodeking:* Ein empörter Aufschrei gegen das Morden im Namen der »Menschlichkeit«.

[edition g. 308] ISBN 978-3-7322-9602-6

Stefan Blankertz

Die Katastrophe der Befreiung
Faschismus und Demokratie

Die Versprechen der Demokratie auf Frieden, Freiheit und Wohlstand endeten im 20. Jh. in Imperialismus, Weltkriegen, Genozid und rinks-lechter Terrorherrschaft. Die »Katastrophe der Befreiung« (Herbert Marcuse) setzt sich fort in demokratischen Wohlfahrtsstaaten, kriegerisch und protektionistisch nach außen, die nach innen einen »sanften« Faschismus der völligen Kontrolle praktizieren. Am Ende steht eine »Welt ohne Asyl« (Paul Goodman).
Heterogene Ansätze von Neomarxismus über Liberalismus und Konservativismus bis hin zum Anarchismus werden integriert und auch literarische und filmische Zeugnisse von Bert Brecht über Ernst Jünger und John Ford bis hin zu Peter Handke, Mario Vargas Llosa und David Foster Wallace als gleichwertige Ressourcen der politischen Theoriebildung genutzt, um gegen den ausufernden Staat die Perspektive von Frieden und Freiheit zurückzugewinnen.
Im Anhang wird ein z. T. bislang unveröffentlichter Briefwechsel 1982-83 mit dem Erkenntnistheoretiker Paul K. Feyerabend über den Wert von der Demokratie dokumentiert.

[edition g. 107] ISBN 978-3-7386-5079-2